차례

시놉시스   5

등장인물   6

오리지널 각본   11

인터뷰   155

〈봄날은 간다〉 각본과 영화 사이, 그 찰나의 시학
― 주성철 × 허진호 스페셜 대담

봄날의 기억: 비하인드 스틸   195

만든 사람들   217

봄날은 간다

One Fine Spring Day

류장하 이숙연

신준호 허진호

각본집

STUDIO : ODR

차례

시놉시스   5

등장인물   6

오리지널 각본   11

인터뷰   155

〈봄날은 간다〉 각본과 영화 사이, 그 찰나의 시학
— 주성철 × 허진호 스페셜 대담

봄날의 기억: 비하인드 스틸   195

만든 사람들   217

시놉시스

사운드 엔지니어 상우는 치매에 걸린 할머니와
젊은 시절 아내를 잃은 아버지, 고모와 함께 살고 있다.
어느 겨울 그는 지방 방송국 라디오 PD인 은수를 만난다.
자연의 소리를 채집해 틀어주는 라디오 프로그램을
준비하는 은수는 상우와 녹음 여행을 떠난다.
자연스레 가까워진 두 사람은 어느 날 은수의 아파트에서
밤을 보낸다. 너무 쉽게 사랑에 빠진 두 사람. 상우는
주체할 수 없을 정도로 그녀에게 빠져든다. 그러나
겨울에 만난 두 사람의 관계는 봄을 지나 여름을 맞이하면서
삐걱거린다. 이혼 경험이 있는 은수는 상우에게
결혼할 생각이 없다며 부담스러운 표정을 내비친다.
"어떻게 사랑이 변하니?"라고 묻는 상우에게 은수는
그저 "헤어져"라고 단호하게 말한다.
영원히 변할 것 같지 않던 사랑이 변하고, 그 사실을
받아들이지 못하는 상우는 어찌할 바를 모른다.
은수를 잊지 못하는 상우는 미련과 집착의 감정을
이기지 못하고 서울과 강릉을 오간다.

상우
/ 유지태

“그 여자가 제일 미워.
그리고 제일 좋아”

소리를 좇는 사람. 20대 후반의 사운드 엔지니어 상우에게는
꽃다운 시절만 기억하는 할머니와 젊은 시절 다른 세상으로
떠나보낸 아내를 잊지 못하는 아버지가 있다. 그런 그가
함께 일하게 된 연상의 라디오 PD, 한은수와 사랑에 빠진다.
그러나 영원히 변치 않으리라 여겼던 사랑이 어느새
그를 밀어내고 있다는 것을 깨달았을 때는 이미 너무나
사랑해 버린 후다. 더 이상 그녀에게 전화도 오지 않고,
그녀를 찾아가도 만날 수 없다. 혹시 술을 마시면 잊을 수 있을까?
술에 취하고 나면 그녀가 여전히 자신을 기다리고 있을 것 같다.
사랑을 잃은 후 세상의 무엇도 위로가 되지 않는
공황 상태에 놓이고 말았다.

등장인물

은수
/ 이영애

"죽을 때 기억 하나만 가져가라고 하면
뭐 가져갈 거야?"

세상의 수많은 소리와 이야기를 엮는 사람.
30대 초반의 이혼 경력이 있는 지방 방송국 라디오 PD다.
사랑이 변한다는 것을 이미 알고 있는 그녀는 상우와의
관계 속에서 느끼는 달콤함도 언젠가 무미건조해지는
순간이 온다는 것을 본능적으로 알고 있다. 감정이 달려들 때
결코 피하지 않던 대담한 모습과는 달리 현실이 밀려올 때는
너무나 단단한 방어벽으로 자신을 에워싼다. 상우에게
먼저 헤어지자고 말해놓고 울리지 않는 핸드폰을 만지작거리고,
막상 상우에게서 전화가 오면 단호하게 전화를 끊어버리는
그녀의 모순적인 모습은 이별의 이유가 단순히 연애에
싫증이 났기 때문이 아닐지도 모른다고 생각하게 만든다.

할머니
/ 백성희

시간을 건너는 사람. 치매에 걸려 기억은 희미해지고 말수는
줄어들었지만, 오래된 사랑의 온기만은 마음속 깊이 품고 있다.
기관사였던 할아버지를 기다리기 위해 틈만 나면 기차역에
나간다. 머리엔 흰 눈이 내려앉았지만, 그녀에게는 이미
떠나간 계절들이 여전히 추억의 형태로 머물고 있다.

아버지
/ 박인환

엄마 없는 상우를 혼자 힘으로 키운 자상한 아버지.
세월의 무게를 어깨에 이고 가족이라는 울타리를 지키며
묵묵히 살아가는 소시민으로, 죽은 아내를 여전히 그리워한다.
노래하는 그 순간만은 아내가 떠오르지 않는다는 아버지는
흘러간 옛 노래를 참 맛깔스럽게 부른다.

고모
/ 신신애

가족의 빈틈을 채우는 사람. 할머니가 치매에 걸린 이후
집안을 돌보고 상우를 챙긴다. 누구보다 평범하지만,
그 평범함이 삶의 균형을 이루는 데 중요한 역할을 한다.
잔소리 같지만 따뜻한 말투, 소소하지만 성실한 손길로
집안의 온기를 지킨다.

**녹음실
선배**
/ 이문식

상우의 녹음실 선배. 직업적인 조언도, 연애에 대한 농담도
건네지만 그 속엔 삶을 먼저 살아본 사람의 온기가 묻어난다.
상우가 세상과 연결되는 작은 창문 같은 조력자.

정국
/ 박준서

상우의 친구이자 택시 기사. 상우의 마음이 흔들릴 때마다
옆에서 묵묵히 액셀과 브레이크를 밟아주는 인물이다.
사랑의 열기에 빠져 술을 마신 밤에도, 사랑이 식은 후에도
정국은 상우의 곁을 조용히 지킨다. 그는 말보다 운전으로,
위로보다 함께 있음으로 상우를 돕는다.

S#1.   마당 (낮)

마루 끝에 무료하게 앉아 있는 상우.
처마 끝에서 떨어지는 물방울을 보고 있다. 똑~ 똑~.
상우, 마루 창틀에 기대어 눈을 스르르 감는다.
조용한 집 안. 눈 녹은 물만 똑똑 떨어지는 상우 집 마당.

S#2.   집 앞 동네 길 (낮)

대문이 열리고, 자전거를 끌고 좁은 골목을 빠져나오는
상우. 동네 길을 두리번거리며 할머니를 찾는다.
저 앞에 느릿한 걸음으로 걸어가는 할머니가 보인다.
가다 서고, 또 조금 가다 서는 할머니.
마치 세상 구경이라도 하는 듯 두리번거린다.
그런 할머니를 보며 빙그레 웃다가… 자전거에서 내려
천천히 따라간다. 자전거 페달 소리만이 들리는 고요한 공간.
저 멀리서 교회 종소리가 울린다.
평화로운 일요일 오후.

S#3.   기차역 (낮)

창 너머로 안을 들여다보는 상우. 창을 통해 들어오는
오후 햇살. 할머니는 개표소를 보고 있다.
역사 안으로 들어가 할머니 옆에 앉으며.

　　상우　　　…할머니, 이제 가요….

S#4.   상우 방 (새벽)

벽 한편에 이것저것 모아둔 잡동사니들 사이에 놓인
라디오. 낡은 환등기도 보인다.
일기 예보가 나온다. 짐을 챙기는 상우.
"영동 지방 날씨는…" 잠시 듣다가 라디오를 끈다.

S#5.   마루 (새벽)

마루에 앉아 신발 끈을 묶고 있는 상우. 하품을 한다.
가방을 메고 일어나 대문으로 나가는데 할머니 방에
불이 켜져 있다. 노란 불빛이 드리운 마당.

댓돌에 가지런히 놓여 있는 할머니의 신발.
방문을 살며시 열어보는 상우. 할머니가 앉아 있다.

        상우   할머니~.

상우, 방으로 들어간다.
할머니와 상우, 유리창에 어른거린다.

S#6.   **국도** (아침)

서울에서 한참 멀어진 듯 차창 옆으로 산들의 모습이
보인다. 상쾌한 날씨. 썰렁한 겨울 도로 위를 달리는
상우 차. 강릉 92km 표지판이 보인다. 군데군데 눈이 온
흔적이 있는 길. 양쪽의 창을 모두 내리는 상우.
손을 창밖으로 살짝 뻗어 바람을 느껴보는데…
푸드덕, 운전석 앞에 놓았던 종이가 조수석 쪽 창으로
날아가 버린다.
길가에 차를 세우고, 비상등을 켜고 차 밖으로 나오는 상우.
손으로 햇빛을 가려본다. 새처럼 하늘을 날아가는 종이.

S#7.   터미널 (아침)

터미널 쪽에 목도리로 잔뜩 얼굴을 둘러싼 한 여자가 등을
보이고 서 있다. 한 손에는 종이컵을 들고, 어깨에는
작은 가방, 빨간 목도리를 하고 단단하게 차려입은 여자는
시계를 가끔 보고 있다.
사방을 두리번두리번. 여자의 전화가 울린다.

　　　은수　　　(전화에 대고) 네….

여자의 어깨 너머로 상우의 차가 보이기 시작한다.
전화를 하며 차를 세우는 상우.

　　　상우　　　저 아름 녹음실에서 나왔는데요.
　　　　　　　　이상우라고 합니다.

차를 세우고는 바깥 상황을 살펴보는데
전화를 받으며 걸어오는 은수와 눈이 마주친다.

　　　상우　　　(전화에 대고) 죄송합니다~. 오래 기다리셨어요.

또박또박 상우 쪽으로 걸어오는 은수. 상우, 서둘러 내린다.

차에 오르는 은수. 다시 차에 오르는 상우.

은수   안녕하세요, 한은수라고 해요.
            잘 부탁드릴게요……좀 늦으셨네요.

S#8.   국도 (오후)

창밖으로 겨울 햇살이 가득하다. 운전하고 있는 상우.

　　상우　　　제가 오다가 약도를 잃어버렸거든요.

말을 하며 은수를 돌아다보면 자고 있는 은수.
상우는 잠든 은수를 바라본다.

　　상우　　　(다시 전방을 향하고) 혼자 찾아보죠, 뭐.

S#9.   시골 길가의 작은 공터 (오후)

길가의 작은 공터에 서 있는 상우의 차.
상우는 없고 뒷자리에서 자고 있는 은수.
상우는 종이컵을 들고 창가에 와 은수를 본다.
은수, 자고 있다가 눈을 뜬다. 시선을 돌리는 상우.
은수는 모른 척 차에서 내린다. 기지개를 켜는 은수.

　　은수　　　여기가 어디예요?
　　상우　　　제가 약도를 잃어버렸거든요.

은수   …그럼 절 깨웠어야죠.

무안한 상우가 커피를 건네준다.
커피를 받으며 주위를 둘러보는 은수.

S#10.   대밭 (오후)

작은 들판 뒤, 산이 시작되는 곳에 늘어서 있는 대밭.
그 대밭 옆에 있는 작은 집 한 채.
풍경 속으로 걸어가던 두 사람.
잠시 멈춰 서서 대밭 주인인 듯한 할머니와 이야기를 나눈다.

S#11.   바람 부는 대숲 (오후)

상우가 대밭을 천천히 거닐며 소리를 찾고 있다.
귀에 손을 대고 기울여보기도 하고….
그런 상우를 지켜보며 서 있는 은수.
바람이 불고 있는 대나무 숲. 조금 거리를 둔 채로,
각자 마이크를 들고 있는 두 사람.

(시간 경과)

상우가 작은 낚시 의자에 앉아서 소리를 확인하고 있다.
뒤에서 고개를 조금 들이밀고 궁금해하는 은수.

    상우   들어보실래요?
    은수   ….

상우, 헤드폰을 넘기고 녹음기에서 소리를 잡아준다.
헤드폰을 통해 소리를 들어보는 은수.

은수   (곰곰이 들어본다)….

상우   어떠세요?

은수   …좀 이상하지 않아요?

상우   ….

은수   아까 우리 들은 거랑 다르고…

          생각보다 바람이 센 것 같네요.

          (헤드폰을 벗으면서)…좀 더 가는 소리면

          좋을 것 같아요.

상우   음, 좀 더 가는 소리요….

은수   ….

상우   그래요, 그럼.

은수   한 번만 다시 해요.

뒤에서 소리가 난다. 대밭으로 들어오는 할머니.

할머니   밥 먹고 해.

S#12. 시골집 (오후)

굴뚝에서는 밥 짓는 하얀 연기가 모락모락 나오고 있다.
마루에 걸터앉아 손을 위로 높이 펴 들고
흔들어대고 있는 두 사람.

상우   아니, 그렇게 말고요, 높이.
           (은수의 팔을 잡아 높이 든다) 이렇게 높이 들어요.
           그래야 피가 금방 멎어요.

손을 높이 들고 뱅뱅 돌리는 은수.
상우, 웃으면서 재미있다는 듯이 보고 있다.

은수   (흔들고 있는 자기 손을 보면서)
           이런 거 어디서 배웠어요?
상우   할머니가 계시거든요.
은수   할머니랑 같이 살아요?
상우   네….
은수   …좋겠어요.
상우   뭐가요?
은수   그런 것도 가르쳐주는 할머니가 있어서.
상우   …아프시기 전에는 그랬죠.

…지금은 좀 편찮으세요.

은수   …많이?

상우   네.…치매 증세가 조금… 있으세요.

방 안에서 들려오는 "밥 먹어".

S#13.   방 (오후)

김치, 콩자반, 김구이 등 몇 가지 반찬이 놓인 소반 앞에
앉아 있는 두 사람.

        은수   힘들겠다. 사진 같은 거 보여드리세요.

                       화분 기르시는 것도 좋은데….

        상우   사진?

        은수   가능하면 크게 확대해서 벽에 걸어놔요.

                       늘 보게끔 하는 게 좋으니까….

        상우   그래요? 확대해서…? 근데 그런 거 어떻게

                       알아요?

        은수   방송하다 보면 이것저것 많이 알게 돼요, 그냥.

밥을 퍼 문지방 너머로 건네주는 할머니.
상우가 받는다. 산처럼 가득 쌓인 밥.
상우를 난감하게 쳐다보는 은수.
한 숟가락 가득 입안에 넣는 상우.

        상우   와… 진짜 맛있다.

상우를 보고 있는 은수. 도와달라는 표정.

은수 밥을 한가득 퍼 자기 밥 위에 얹어놓는 상우.
산 위에 또 산을 얹은 것 같은 상우 밥.

상우   됐죠? 많이 먹어요. 맛있어요.

은수, 픽 웃는다. 그나마 양이 줄어서 다행스럽다는 듯
상우를 본다. 맛있게 먹는 상우. 은수도 열심히 먹는다.

27

물을 떠 가지고 문지방을 넘어오는 할머니.
김치도 찢어주고… 반찬도 밀어 넣어주며 옆에서
이 둘을 뿌듯하게 바라본다.

S#14. 공터 (해 질 녘)

들판을 걸어 나오는 두 사람. 상우는 자꾸 주머니를
뒤지고 있다. 대밭 할머니 댁으로 말없이 다시 돌아가는 상우.
돌아가면서도 계속 주머니를 뒤진다. 차 옆에 서서
상우를 기다리는 은수. 차창에 코를 박고 안을 들여다본다.
창에 하얀 입김이 묻었다 지워졌다 한다.
운전석 핸들 밑에 꽂혀 있는 차 열쇠.

S#15. 국도 (밤)

저 앞에 하얀 점 같은 것이 보인다.
헤드라이트를 높게 비춰보는 상우.
점점 다가오는 하얀 점. 소복을 입은 여자가
손을 흔들고 있다. 차를 세우는 상우.

은수   뭐야? 어휴 참, 차를 세우면 어떡해?

상우   아니, 그냥….그럼 어떡해요. 세우라는데….

뒷문이 열리고 소복을 입은 여자가 올라탄다.
그 여자는 아무 말도 하지 않는다. 말이 없는 세 사람.

아주머니   (힘없고 낮은 목소리) 이 길 끝까지 가주세요.

화들짝 놀라는 두 사람. 룸미러를 슬쩍 보는 상우.
아주머니는 꼿꼿하게 앉은 채로 밖만 바라본다.
다시 룸미러를 보는 상우. 아주머니 목이 보인다.
목에 줄이 감겨 있다. 놀란 상우, 긴장하며 달린다.
은수도 겁먹은 표정. 그때, 따르릉~ 소리.
아주머니, 목뒤로 넘어가 있던 핸드폰 줄을
앞으로 돌려서 전화를 받는다.

아주머니   무서워 죽겠어….곧 가요.

마을 입구에 차가 서고 소복 여자가 소리도 없이 내린다.
동네를 빠져나오는 상우의 차.

은수   (식은땀을 흘리며) 무서워 죽는 줄 알았네.

슬그머니 룸미러를 보는 은수. 깜짝 놀란다.

은수　　　　（깜짝 놀라며）어, 아줌마. 왜 아직 안 내렸어요?

끽~ 서는 상우 차. 은수가 막 웃는다.

S#16.　　국도 (밤)

조수석 앞에 있는 통을 열어서 뒤지는 은수.

은수　　　　뭐 들을 만한 거 없어요?
　　　　　　여자만 태우면 트는 테이프 있을 거 아녜요?
상우　　　　（웃어넘긴다）
은수　　　　죄다 요즘 거네. 예전에 듣던 거,
　　　　　　좀 그런 거 없나?

라디오를 틀자 치지직치지직 거리더니…
은수의 방송이 나온다.

상우　　　　이거 은수 씨 목소리 같은데요?
은수　　　　（끄덕끄덕）

상우, 시계를 본다. 11시 20분.

상우　　　녹음 방송인가 봐요. 목소리가 좀 다르네.

은수　　　달라요?

상우　　　더 착해요. (웃는다)

　　　　　한 PD님은 프로를 여러 개 하나 봐요?

은수　　　두 개예요…. 〈자연과 사람〉 하나, 이거 하나.

　　　　　근데 저 아나운서예요. 우린 아나운서가 다

　　　　　하거든요.

　　　　　이것저것 다 해요. (조금 듣더니 음악이 끝나고

　　　　　자신의 멘트가 나오자) 재미없어.

그러면서 주파수를 돌리려고 손을 뻗는다.

상우　　　(손을 막으면서) 왜요. 좋은데.

다시 주파수를 돌려놓는 상우.
은수의 목소리가 다시 나온다.
가만히 있다가 문득 선글라스를 꺼내 쓰는 은수.
상우, 궁금하게 바라본다.

은수　　　아~ 쪽팔려.

S#17.   여관 (밤)

불이 꺼져 있던 방에 불이 켜진다. 창문을 열고
러닝 차림으로 담배 연기를 내뿜는 상우.
잠시 후 옆방에도 불이 켜진다. 은수도 속옷 차림이다.
잠이 오지 않는지 창문을 열고 밖을 본다.
바람 부는 창밖을 바라보는 두 사람의 그림이 함께 잡힌다.

S#18.   방송국 스튜디오 (낮)

대밭에서 채집한 소리가 녹음실에 가득하다.

상우를 안내해 준 은수의 동료가 손짓을 한다.

상우, 그쪽을 보니 통유리 너머 부스 안에서 은수가 웃고

있다. 은수의 선배가 나가고, 부스 문을 열고 나오는 은수.

상우   우리 녹음한 소리 작업하시나 봐요.

은수   네. 한 20초 정도만 나가면 돼요.

S#19.   방송국 복도 (낮)

복도 끝, 구석에 있는 자판기. 자판기 앞에는 나란히

앉을 수 있는 긴 의자가 놓여 있고, 옆으로 창이 나 있다.

의자에 나란히 앉아 커피를 마시는 은수와 상우.

둘이 침묵, 커피 마시는 소리만 들린다. 둘은 앞만 보고 있다.

상우   강릉이 집이에요?

은수   여기서 태어났어요.

상우   가족이랑 같이 여기 다 있어요?

은수   저는 혼자 살아요.

상우   결혼… 안 하셨나 봐요.

은수   해봤어요.

상우   …좋겠다~

은수   좋겠다…?

상우   ….

은수   소화기 사용법 알아요?

상우   네?

은수   안전핀을 뽑는다. 노즐을 화원으로 향하고,

상우   노즐이요?

은수   물이 나오는 곳이요. 어디까지 했더라….

상우   물 나오는 곳.

은수   아~ 노즐. 노즐을 화원으로 향하고

        마지막 손잡이를 누른다. (물 나오는 시늉)

        그럼 슈~.

상우   그걸 다 외워요?

은수　　　　　（손가락으로 앞에 있는 소화기를 가리키며）

매번 여기 앉아서 커피 마시며 외웠어요.

36

S#20.　　마루 (낮)

마루에 식구들 뱅 둘러앉아 아버지를 보고 있다.
노래하는 아버지. 늘 부르는 아버지의 애창곡이다.

36

고모와 상우는 중간중간 킥킥거리는데 할머니는
손뼉까지 치면서 제일 열심히 관전하고 있다.
아버지의 노래가 끝난다. 식구들 사이에 잠시 침묵.
할머니가 박수를 치더니 주머니를 뒤진다.
백 원을 꺼내서 아버지 손에 쥐여준다.

아버지   너희들은 왜 말이 없어?
고모   아~ 엄마가 백 점이라며. 그럼 된 거지.

킥킥거리는 상우. 식구들이 모두 웃는다.

S#21.   할머니 방 (낮)

할머니와 고모 앞에 놓여 있는 탁상시계.

고모   엄마, 그럼 이건 몇 시야?
할머니   두 시.
고모   (분침과 시침을 움직이며) 그럼 이건?
할머니   ….

앨범을 들고 와 할머니 옆에 풀썩 앉더니 이것저것

뒤져보는 상우. 할머니에게 앨범 속 사진들을 보여드린다.

젊었을 때 철도원 복장의 할아버지 사진과

나이 든 할아버지 사진, 상우 돌 사진,

상우 어머니 사진 등등….

하얀 김이 뭉게뭉게 빠져나오는 증기 기관차를 배경으로

파일럿 제복 같은 옷을 입은 할아버지와

나란히 선 할머니의 사진을 가리키며.

    상우   (사진 하나를 가리키며) 할머니, 이 사람 누구야?

    할머니   (느린 손짓으로 사진을 곱게 만져보는 할머니.

              수줍어하며) 서방님.

고모를 보는 상우. 고모가 "다른 거" 하며 눈짓을 한다.

상우, 사진 중 하나를 고른다.

할아버지 젊었을 적 혼자 찍은 사진,

할머니가 늘 좋아하는 사진이다.

    상우   이거는요? 할머니.

    할머니   우리 서방님이지.

    상우   …그럼 이건?

조금 나이가 든 할아버지 사진,

인상을 조금 찌푸리고 있다. 할머니 앞에 들이민다.

상우   누구야?

할머니   누구냐, 이 늙은이는?

고모   엄마…. 아버지, 아버지잖아.

상우는 그런 할머니를 말없이 보고 있다.

가만히 벽을 바라보는 할머니….

할머니 젊었을 적 양산을 쓰고 걸어가는

뒷모습을 찍은 사진이 벽에 걸려 있다.

S#22.   마루 (밤)

난로 옆에서 사과를 먹는 고모와 상우.

고모, 사과를 먹다가 앞에 놓인 껍질을 든다.

끊기지 않고 길게 잘 깎여 있다.

고모   이거 네가 깎았냐?

상우   (끄덕끄덕)

고모   이건 또 제 할아버지랑 똑같네.

           길게 깎으면 바람둥이라는데.

상우   누가 그래?

고모   네 할머니가, 그 깐깐한 양반이 사과 잘
        깎는다고 뭐라고 했어. 휴~.
        할아버지 딴살림 차렸던 거 몰라?

상우   아버지는 더 잘 깎는데….

       근데 아버지는 왜 다르지?

고모   …참 예뻤어. 너희 할머니.

       할아버지가 참 잘해줬다는데. 할아버지가

       할머니 사진도 많이 찍어드렸잖아.

       근데 너희 할아버지가 다 늦게 무슨 바람이라도

       난 건지….

       엄마 그 곱던 모습이 다 어디로 갔니.

       상우야…. 너 할머니 돌아가시기 전에

       장가가라, 응?

       손주라도 보면 혹시 또 아니….

상우   ….

S#23. 상우 방 (밤)

이부자리 위에 앉아 술을 따르는 상우.
쫄쫄쫄… 맥주를 잔에 따르고 한잔 들이켜는데,
핸드폰이 울린다.

상우   여보세요…? (자세를 고쳐 앉으며)

       네, 전데요. 아뇨, 놀라긴요.

네? 여긴 비 안 오는데요.

은수   (목소리) 들어볼래요?

전화기 너머로 희미하게 들려오는 빗소리.
웃으면서 문을 열고 밖을 내다보는 상우.
문밖 마당 수돗가에서만 몇 방울씩 물이 새고 있다.

상우   나 올 땐 비 안 왔어요. 차도 안 막히고.
             네, 네. 그럼 또 일정 잡히면 전화 주세요.
             안녕히 주무세요.

전화를 끊고 창밖을 보는 상우. 조용한 마당.

(시간 경과)

잠을 청하는 상우. 빗소리가 들리기 시작한다.

S#24. 녹음실 (낮)

희미한 불빛이 새어 나오는 녹음실.
녹음실 밖에는 불이 꺼져 있다. 중간중간 끼어든

딸그락딸그락하는 테이프 갈아 끼우는 소리.

믹싱 룸 안에 스탠드만 켜놓고 작업하고 있는 상우.

옆에는 그동안 작업한 테이프들이 쌓여 있고

상우는 그것들을 하나하나 들어보고 있다.

물레방아 소리에 시간을 기록하고는 테이프를 뺀다.

다른 테이프를 끼우고 같은 작업을 반복한다.

이번엔 계곡 물소리, 빗소리 등등의 소리가 흐르고 있다.

상우 앞에 놓인 기기에서 오르락내리락하는

빨간색 막대기들.

S#25.   선배 녹음실 (낮)

기계들도 구식이고, 녹음 부스에 꽃무늬 커튼도 있는

허름한 녹음실.

누군가 부스 안에서 열심히 노래하고 있다.

상우가 콘솔 앞에 앉아 있는 선배에게 테이프를 건넨다.

    상우   이 소리는 뭣에다 쓰게요?

    선배   물레방아 소리가 이펙트로 쫙~ 깔리면

                    얼마나 에로틱한데⋯. 수고했다.

부스 안에서 노래하는 사람을 보는 상우.

상우   저 사람도 가수예요?

선배   아니, 취미로…. 한 장에 십만 원.

               난 요즘 이 수입이 더 짭짤하다.

부스 안에서 열심히 노래하는 아저씨.
양복을 쪽 빼입고 열창하고 있다.

S#26.   산사 가는 길 (낮)

앞서 걷는 상우. 은수는 상우 뒤를 따라 걷는다.
상우가 조금 빨리 걷는 듯 은수에게서 멀어지자,
손가락 끝으로 살짝 상우를 붙잡는 은수.
상우 뒤만 따라 걷는 은수.
걸음을 느리게 하고는 허리를 쭉 펴서 바람을 막아주는 상우.

S#27.   산사 (낮)

불상 앞에서 절을 하는 두 사람.

정성스럽게 절을 하는 은수를 보며 따라 하는 상우.

S#28.   산사 마당 (해 질 녘)

처마에 매달린 풍경이 소리를 내지 않는다.
그 아래에 쪼그리고 앉아 풍경을 물끄러미 보고 있는
상우와 은수.

  상우   아까 뭐 빌었어요?
  은수   바람 불게 해달라고요.

상우, 웃는다.

  은수   금세 잊더라. 뭘 간절히 바라다가도 곧 잊어요.
       그냥 다 변하고, 잊고, 그런 거지 뭐.

상우, 고개를 끄덕끄덕하더니

  상우   안 되겠는데요.
  은수   뭐가…?
  상우   저 풍경이요. …오래 기다려야 할 것 같아요.
  은수   그럼 기다려야죠….
       소리 따려고 얼마까지 기다려봤어요?
  상우   한 1년?

<table>
<tr><td>은수</td><td>1년?</td></tr>
<tr><td>상우</td><td>보리밭 소린데 정말 포근해요.</td></tr>
<tr><td></td><td>근데 그게 해마다 달라요.</td></tr>
<tr><td></td><td>옛날에 듣던 그 소리가 나올까 해서 또 가고….</td></tr>
<tr><td></td><td>해마다 따러 다녀요. 꼬박 1년을 기다리는 거죠.</td></tr>
<tr><td>은수</td><td>궁금하네요. 그 소리가 어떤 소리일지.</td></tr>
</table>

풍경 아래 마이크에서 길게 늘어진 줄을 따라가면,
상우는 햇볕이 드는 양지에 녹음기를 세팅하고 쭈그리고
앉아 있다. 조용한 산사…. 혼자서 탑돌이 하듯이
탑 주위를 천천히 걸으며 콧노래를 흥얼대는 은수.
은수, 걸으면서 흘끗흘끗 상우 쪽을 보고
상우는 풍경만을 보고 있다. 하지만 상우 귀에는
은수의 노랫소리만이 잡힌다. 상우, 피식 웃어본다.
마당을 지나가는 스님을 쫓아가는 은수.
스님과 합장을 하며 인사한다.

S#29.   산사의 풍경 (밤)

군불 을 때주는 동승이 얼굴에 숯검정을 묻히고 앉아 있다.
깜박깜박 조는 동승. "타닥타닥" 소리가 깊어져 간다.
방 안에 오가는 은수의 실루엣.
상우는 건너편 마루에 걸터앉아 은수의 그림자를 바라본다.

S#30.   산사에서의 은수 방 (밤)

조용한 산사. 정갈하고 소박한 방 안에 누워 있는 은수.

이불을 턱까지 끌어올리고 눈만 굴리며 방을 구경한다.
잠을 청하는 은수. 조용하더니 바람이 부는지
풍경 소리가 맑게 들려온다. 눈을 뜨는 은수.

S#31.　산사에서의 상우 방 (새벽녘)

문 두드리는 소리가 난다. 잠에서 깨어 두리번거리는 상우.

일어나자마자 시계를 확인한다.

계속 작게 들려오는 문 두드리는 소리.

잠시 후 "상우 씨, 상우 씨…. 나와봐"

상우는 잠결에 은수의 목소리를 듣는다.

문을 열면 은수가 상기된 표정으로 마루 끝에 앉아 있다.

은수 뒤로 함박눈이 펑펑 내린다.

은수　　　상우 씨, 지금 녹음할 수 있어?

S#32.　산사 마당 (새벽녘)

부산하게 준비를 하고 있는 두 사람.

녹음을 하려는데, 어젯밤 군불을 때주던 동승이

언제 일어났는지 이미 많이 쌓인 눈을 쓸고 있다.

상우와 은수는 동승을 제지하지 않는다.

풍경 소리 너머로 작게 눈 쓰는 소리가 들려온다.

소리를 들어보고 좋다고 고개를 끄덕끄덕하는 은수.

눈 내리는 새벽 산사의 풍경들.

눈을 흠뻑 맞으며 녹음하는 두 사람.

눈을 감은 채 헤드폰을 양손으로 붙잡고

소리를 듣고 있는 상우.

그런 상우를 보고는 은수 자신도 눈을 감아본다.

풍경 소리… 눈 쓰는 빗질 소리… 가 들리다가

함박눈을 맞고 있는 마이크만 남겨두고,

소리가 천천히 작아지다가 사라져 버린다.

함박눈을 맞고 있는 마이크.

S#33.　　요사채 마루 (아침)

방 앞 마루에 걸터앉아 있는 상우가 담벼락에 기대

풍경 소리를 듣고 있다.

은수가 수첩에 뭔가를 적으며 상우 쪽으로 온다. 수첩을

가방에 넣고, 상우를 부른다. 꿈쩍도 하지 않는 상우.

은수가 상우 쪽을 돌아본다. 상우, 자고 있다.

상우를 지긋이 바라보는 은수.

딸랑딸랑 풍경 소리가 맑은 아침 햇살 속에 울린다.

S#34. 은수 집 앞 (해 질 녘)

아직 하늘빛은 남은 저녁 시간, 은수네 아파트 단지.
불이 한쪽만 켜진 상우의 차가 다가온다.

    은수   차 한잔하고 갈래요?

S#35. 은수 집 현관 (해 질 녘)

은수, 현관문을 열쇠로 열고 있다.

은수   (문을 열고 들어가며) 좀 있다가 들어와요.

은수, 먼저 들어간다.
남은 상우, 나그라(이동식 녹음기 — 편집자 주)를 어깨에 메고
계단에 서서 창밖을 보고 있다. 항구의 야경.

S#36. 은수 집 (해 질 녘)

마루에 덩그러니 놓여 있는 오디오와 TV.
그 주변에 옷들이 아무렇게나 널브러져 있다.
부엌 탁자에 앉아 있는 상우와 은수.
각각의 앞에 찻잔이 놓여 있다.
상우에게 차를 따라주는 은수.
쪼르르… 소리가 난다. 상우, 잔을 들어 마시며
주위를 둘러본다. 어색하게 앉은 두 사람.

햇살이 들어오는 은수 방.

침대에서 혼자 자고 일어난 상우.

어젯밤 일을 생각하는지 잠시 가만히 있다가 옷을 본다.

이불을 들춰보면 옷을 다 입고 있는 상우.

마루로 나와 보면 술병들이 어지럽게 널려 있다.

마루에서 대충 자리 펴고 자고 있는 은수.

상우는 은수를 보다가 슬며시 은수 옆에 누워본다.

잠든 은수를 보고 있는데 은수, 눈을 뜬다.

말없이 가만히 보다가 은수에게 입 맞추는 상우.

은수는 가만있다. 점차 진하게 애무하는 두 사람.

깊게 입 맞추며 애무하는데 덜컥 멈추는 은수.

좀 떨어져 앉는다.

은수	좀 더 친해지면 하죠.
상우	…미안해요.
은수	아냐…, 내가 미안해.
상우	….
은수	….
상우	…저 갈게요.

S#38.　은수 집 밖 (아침)

길가에 세워둔 차 뒤로 항구가 보인다.

차고 맑은 겨울 햇살에 반짝이는 항구의 푸른 바다.
약간 상기된 표정으로 차에 오르는데 전화가 온다.

　　　상우　　　　　여보세요…. (엷게 웃음이 지어지는 상우)

뒤를 돌아보면 창가에 서서 전화를 하며
손을 흔드는 은수가 보인다.

S#39. 은수 집 (아침)

녹음 장비와 전축 스피커를 연결하느라 애쓰고 있는 상우.
요란한 빗소리가 은수 집에 들린다.

상우   응, 여기 지금 비 온다니까요. 낼 못 가.
           아직도 절간에 처박혀 있다고.
           응, 일 끝나는 대로 갈게.

전화를 끊고는 이래도 되나 싶은 표정의 상우.
은수가 웃고 있다. 녹음기 버튼을 누르면 조용해진다.
상우도 멋쩍게 은수에게 웃어준다.

은수   이거 리와인드 어떻게 해요?
상우   ?
은수   나도 방송국에 전화해야지.
           …그럼 우리 이제 친해진 건가?

S#40. 문방구 (낮)

나른한 봄 햇살이 비치는 상우네 문방구.

아이들이 문방구 앞에 쪼그리고 앉아 오락을 하고 있다.
바글바글…. 집에 가는 아이들이 뒤에 줄을 서서
구경하고 있다. 어느새 봄이 온 문방구의 풍경.
상우가 나오더니 꼬마들을 조용히 시킨다.

상우   (손을 입에 가져가며) 쉬~.

라디오에서 노래자랑 프로그램이 진행 중인데 아버지의
이름이 나온다. 라디오를 좀 꺼달라는 라디오 방송.
아버지는 라디오를 안 끈다. 녹음하라는 아버지의 신호.
상우가 녹음 버튼을 살짝 누른다.
바짝 긴장하는 아버지. 상우도 아이들도 긴장한다.
늘 부르는 아버지의 애창곡 반주가 라디오에서 흘러나온다.

아버지   흠흠….

노래를 시작하면서 조금 박자를 놓친 후 계속 박자가 늦는
아버지. 땡~ 아쉬운 인사말과 함께 다른 사람에게
기회가 넘어간다. 너무나 아쉬워하는 아버지.
상우도 많이 아쉽다.
구경을 하고 있다가 분위기가 심상치 않자
슬금슬금 빠져나가는 아이들. 문방구 밖으로 나가

자기들끼리 막 웃더니 문방구를 향해 소리친다.

꼬마들   땡! 땡!

아버지, 긴 한숨이 나온다.

S#41. 커다란 사진관 (낮)

직원에게 필름 같은 걸 받는 상우.
조그만 상자를 열어보면 슬라이드 필름들이 들어 있다.
그중 하나를 골라 밝은 곳에 대어보는 상우.
다른 것도 한 장 집어서 자세히 들여다본다.

S#42. 할머니 방 (낮)

할머니 방 벽에 확대되어 붙어 있는 사진들.
앨범에서 보여드렸던 사진들이다.
찰칵찰칵 소리와 함께 사진이 보인다.
그냥 맨벽에 모조지를 붙여 만든 작은 스크린.
좀 낡은 환등기 불빛이 할머니와 상우의 얼굴에 붙는다.

사진이 넘어갈 때마다 눈을 깜박이는 할머니.

상우　　　　이건 아버지예요. 제가 아니고요.

할머니, 알아듣겠다는 듯 끄덕끄덕.
상우, 이번엔 젊은 할아버지 사진을 보여주며….

상우　　　　그리고 이건 할아버지고요.
할머니　　　　….

할머니, 말없이 사진을 보시더니 환한 사진 속으로
다가간다. 벽에 영사된 할아버지의 젊었을 적 사진을
곱게 만져보는 할머니.
손을 천천히 떼고 물끄러미 바라본다.
옆에서 할머니와 같이 사진을 보는 상우.

S#43.　마루 (낮)

아버지가 TV를 보고 있다. 옆으로 길게 누워서 팔로
머리를 받치고 〈전국노래자랑〉을 보고 있는 아버지.
아버지 옆에 앉아 같이 TV를 보는 상우.

딩동댕~ 어느 참가자가 합격하자 너무 좋아하며 인사한다.

S#44.   선배 녹음실 (낮)

조금 오래된 느낌의 선배 녹음실. 지난번에 물레방아
소리를 섞어 넣은 선배가 있는 녹음실이다.
작고 네모난 유리창에는 촌스러운 커튼도 달려 있다.
창 너머 룸 안에는 쫙 빼입은 아버지가 마이크 앞에
어정쩡하게 서 있다.
마이크를 한번 잡아보더니 다시 차려 자세.

   남자   (마이크 버튼 누르고)

       상우 아버님, 제 말씀 들리시죠?

아버지가 손을 흔든다.

   남자   (마이크 버튼 누르고) 말씀하셔도 들립니다.

   아버지 (스피커로 울리는 소리) 들립니다. 잘 들립니다.

   남자   그럼 전주 나오면 녹음합니다.

       어떻게… 조금만 해보실래요?

   아버지 그냥 해보죠… 뭐…. 시간도 없는 분들인데.

남자   노랫소리 나오면 시작하면 됩니다.

전주가 나오고 아버지가 노래한다.
라디오 노래자랑에서 불렀던 그 곡이다.
너무 떨어서 첫 소절을 놓친다. 음정도 불안정.
노래 부르다 말고,

아버지   (잔뜩 긴장해서는 손수건으로 이마에 땀을
            닦으면서) 상우야, 뭐 좀 손에 쥘 거 가져와라.

상우, 웃으면서 마이크를 가져다드린다.
아버지, 마이크를 손에 쥐고 반주 없는 상태에서
몇 소절 부르더니,

아버지   아… 저 이거 커튼 치고 하면 안 되나요?

커튼이 쳐진 주조종실. 아버지는 커튼을 쳐놓고도 이상한지
아예 뒤로 돌아서서 노래한다.
선배와 상우, 웃으면서 아버지의 노래를 듣고 있다.

S#45.　술집 (밤)

상우, 거리에 나와 전화를 하고 있다. 유리창 너머,
빨리 들어오라고 하는 선배에게 알았다고 손짓하는 상우.

　　상우　　　지금? 지금 좀 그런데….
　　　　　　　술을 마셔서 차를 못 가져가는데.

…아니다, 갈게.

응, …알았어. 아니, 갈 수 있을 것 같아.

상우는 흔들흔들거리며 길가에 서서 은수랑 전화를 하고 있다.

S#46.   거리 (밤)

얼굴이 발갛게 된 상우가 거리에 서 있다.
택시 한 대가 상우 앞에 선다.
머리를 들고 눈을 간신히 뜨고 택시를 보더니
이내 타는 상우. 상우를 보고 웃는 택시 기사.

상우   아저씨, 강릉!
운전사   뭐야….
상우   강… 몰라, 강릉?
운전사   이 새끼 취했냐? 또 어쩌자고~
상우   (운전사에 엉기며) 야… 가줘라….
           부탁이다, 친구야~!

웃어버리는 운전사. 상우의 친구 정국이다.

S#47.   고속도로 (밤)

운전 중인 정국. 옆에서 졸고 있는 상우.

자기도 졸린지 눈을 비비며 상우를 보고 웃는다.

강릉 78km라고 쓰인 표지판을 지나는 택시.

S#48.   아파트 (밤)

정국의 택시가 은수의 아파트 앞에 선다. 상우, 내린다.

조금 걸어가면 구석에 은수의 모습이 보인다.

집 안에서 입는 얇은 옷을 입고 겉에 외투만 걸친 모습으로

간간이 걸음을 옮기던 은수. 상우를 보더니 발걸음이 멈춘다.

은수에게 똑바로 걸어가는 상우. 은수를 안는다.

정국, 경적을 한 번 꽝 누르고 떠난다.

정국을 보는 두 사람. 정국은 떠나며 손을 흔들어준다.

S#49.   강릉 어느 공원 (낮)

어느 한가한 일요일 풍경. 데이트를 하는 상우와 은수.

벤치에 기대앉은 두 사람. 만개한 봄을 느끼고 있다.

S#50.   상우 집 (새벽녘)

동이 트기 전 어두컴컴한 상우 집 마당.

출장을 가는 차림으로 마당으로 내려선 상우,

신발을 신으려는데 신발이 보이지 않는다.

답답한 표정을 짓더니 이내 할머니 방으로 간다.

할머니 방에서 신발을 가지고 나오는 상우.

S#51.　국도 (낮)

길이 두 사람에게 다가온다. 차창 밖 풍경들.

구불구불 언덕 사이로 사라졌다가 다시 나타나는 상우의 차.

상우의 차가 기어간다. 삐뚤삐뚤.

상우, 운전석에 앉아 있고 은수가 상우 무릎에 앉아

핸들을 잡은 상우 손 위를 잡고 있다.

은수	할 만한데.
상우	아… 너무 크게 돌지 말라니까.
	아… 발은 내가 할게. 밟지 마요.
은수	차선 보고 운전하나? 아님 뭐 봐?
상우	주로 앞차를 보지….
	땅 보면서 어떻게 운전을 해…. 큰일 나게.
은수	면허 따고 차를 몰아본 적이 있어야지.

마주 오는 차를 보자 은수가 머리를 옆으로 젖힌다.

순간 차가 옆으로 확 몰린다.

상우   아… 차가 오면 머리 좀 숙여요.

하는데, 또 차가 온다.
상우가 은수의 머리를 손으로 누른다.

은수   아~!

S#52. 강원도 어느 강가 (낮)

강가에 장비를 부려놓는 상우와 은수. 자리를 찾고 장비를
세팅하는데 멀리 들리는 관악기 소리. 보면, 저쪽
강둑에서 고등학생 밴드부 아이들이 연습을 시작한다.

상우   (큰 소리로) 야, 너희들 거 좀 있다 하면 안 되니?

조금 멀리서 연습하던 아이들, 무슨 소리인가 하더니
슬금슬금 다가온다. 바로 옆에 와서 더 크게 연습하는
아이들. 신나는 음악으로.

아이들   (상우를 보며) 방송국에서 나왔어요?

             아저씨, 우리도 녹음해 줘요.

상우   야, 너희 조금만 기다려. 우리 금방 끝나.

아이들   (이번엔 은수를 보며) 예쁜 누나.

             출연료 안 받을게요, 네? 우리 잘해요.

은수   어떡하지?

상우   해주고 보내자. 으이그, 자식들.

은수   (작게) 테이프 모자란단 말이야.

상우   어… 에이, 그냥 하는 척만 해주지, 뭐.

(시간 경과)

멀리서 연주하는 아이들의 소리를 따는 상우와 은수.
트럼펫 소리가 강가에 울려 퍼진다.

S#53.　같은 강가 (해 질 녘)

물이 와서 닿는 호숫가에 마이크가 네개 나란히 놓여 있다.
작게 들려오는 강가에 물 닿는 소리.
파랗게 물이 오른 호숫가. 몇몇이 낚싯대를 드리우고 있는
호수 옆으로 빨갛게 철쭉이 한창이다.
봄나물 바구니를 든 아줌마들이 상우네를 구경하면서
다리를 건너산나. 싱우의 어깨에 기댄 은수.

　　　　은수　　　　상우 씨, 죽을 때 기억 하나만 가져가라고 하면
　　　　　　　　　　뭐 가져갈 거야?
　　　　상우　　　　…글쎄….
　　　　은수　　　　나?

웃는 두 사람.

은수는 강 쪽에 나가 마이크 위치를 조정하고 있다.

은수, 돌아보면 좋다고 하는 상우. 됐다고 신호해 준다.

호숫가에 앉아 석양에 붉게 물드는 은수.

헤드폰을 쓰고 소리를 듣던 상우. 헤드폰을 벗는다.

다시 써본다. 다시 벗고 고개를 두리번거리는데

헤드폰을 통해 들려오는 은수의 노랫소리.

아까 아이들이 연주하던 곡이다.

상우, 마이크를 은수 쪽으로 돌려본다.

은수의 콧노래 소리 약간 커진다.

녹음기의 스위치를 누르는 상우. 녹음테이프가 돌아간다.

S#54. 상우 집 (낮)

마루에 고모와 어느 낯선 할머니가 마주 보고 있다.
마당에 서서 눈을 훔치는 할머니.

작은할머니　건강히 지내시라고… 미안하다고 전해주세요.

고모   (덤덤한 표정이지만 안쓰럽다) …네.

할머니 방 앞에서 할머니를 부르고 있는 아버지.

아버지   어머니~ 어머니~.
               (타이르듯) 어머니, 문 좀 열어보세요….

마당에 서 있다가 뒤돌아서 나가는 작은할머니와
들어오는 상우가 부딪친다. 나가는 할머니를 보는 상우.

상우   누구야?
고모   알잖아, 할아버지. 이거. (새끼손가락을 내보이며)
               매년 이맘때만 되면 이런 걸 가져온다.
               미안하다면서.

마루에 보약 한 제가 놓여 있다.

S#55.　할머니 방 (낮)

할머니 앞에 좀 나이 들어 40대처럼 보이는
할아버지의 사진이 찢겨 있다.

할머니는 젊은 할아버지의 사진을 멍하니 쳐다보고 있다.
문 너머에서 아버지는 할머니를 부른다.

아버지   어머니~.
고모   엄마, 문 좀 열어봐. 작은할머니 갔어.

문이 열리며 할머니가 나온다.

할머니   할아버지, 어디 가셨니?

S#56.   결혼식 (낮)

은수 사촌 언니 결혼식. 유난히 아이들이 많다.
신랑이 선생님이다. 신랑에게 다가가 인사를 하는 은수.

은수   언니, 축하해요….

축가를 부르는 시간. 여학생들이 줄을 서서 입장.
'갑돌이와 갑순이는 한마을에 살았더래요~'를 개사해서
장난스럽게 부른다. 사람들이 모두 웃는다.
사진사의 지시에 따라 움직이는 신랑과 신부.
신부가 부케를 던지기 전에, 부케를 비스듬히 들고는
방긋 웃는다. 찰칵~ 사진이 찍힌다. 유난히 행복해하는
신부를 보고 선 은수. 신부와 눈이 마주치자 웃어 보인다.

S#57.   식장 밖 (낮)

상우가 차를 세워놓고 기다리고 있다. 은수가 나온다.

하객들에게 둘러싸인 신부와 신랑. 그중에 은수도 있다.
사람들과 어울려 상우 차를 그냥 지나쳐 가는 은수.

S#58.   은수 집 (낮)

소파에 앉아 TV를 보고 있는 상우.
리모컨을 가지고 이리저리 돌리다가, 아래를 본다.
은수는 마룻바닥에 앉아 집게로 다리털을 뽑고 있다.

상우	왜 아는 척을 안 해⋯?
은수	뭐가?
상우	나 만나는 거 창피해?
은수	⋯아야~. (돌아보면서)
상우	⋯.
은수	사람들이 알면 너 잘려.
상우	⋯.
은수	⋯잘리면 만나지도 못하잖아. 미안해~.
상우	⋯배고프다. 우리 라면 끓여 먹자.
은수	끓여줄 거야?
상우	그래. 내가 할게. (웃으면서) 하던 거 마저 해.

S#59.   방송국 (낮)

창문 너머로 마이크와 진행자 테이블이 보인다.

초대 손님으로 보이는 남자가 앉아서 기다리고 있다.

테이블에서 김밥을 급하게 먹고 있는 은수.

남은 김밥 하나를 다 먹고, 물 마신다.

안에 앉아 있는 남자, 은수를 보고 웃는다.

은수도 웃어준다.

은수, 옆에 놓인 CD 케이스에서 CD를 한 장 꺼내더니,

거울 삼아 치아를 들여다보고 머리도 다듬는다.

화장도 좀 고치는 은수. 안에서 초대 손님과 웃으며 인사한다.

S#60.   속옷 가게 (낮)

남자 속옷 판매대에서 은수가 물건을 고르고 있다.

이것저것 고르다가 맘에 드는 것을 골랐는지

트렁크형의 팬티를 들고 사이즈를 본다.

점원에게 물어보는 은수.

은수   이걸로 좀 큰 거 있어요? 이건 중간 사이즈네.

           하나만 더 큰 걸로 주세요. 두 장 주세요.

S#61.　은수 집 (낮)

현관이 열리고 은수가 들어온다. 팬티만 입고 있는 상우.
라면을 먹으면서 TV를 보고 있다.

은수　　　하루 종일 그렇게 있었어?
상우　　　응, 그거 뭐야⋯?
은수　　　⋯아냐, 몰라도 돼. 아무것도 아냐.
상우　　　뭔데⋯.
은수　　　아무것도 아냐. 몰라도 돼.

상우, 방으로 들어가는 은수를 보다가 다시 리모컨을 돌린다.
방 안에 서서 사 온 속옷 상자를 보고 있는 은수.
잠시 생각하더니 서랍 깊숙이 넣어둔다.

S#62.　바닷가 (낮)

은수가 차 안에 앉아 있다.
상우는 해변에서 분주하게 움직이고 있다.
장비를 준비하는 상우를 물끄러미 보며 상념에 잠긴 은수.
그렇게 한참 보고 있더니 고개를 떨어뜨린다.

(시간 경과)

아직은 사람이 없는 한가로운 해변.
몇몇 연인들만 눈에 띈다.

은수가 녹음기를 만지며 장난을 친다.

헤드폰을 쓰고 나란히 앉은 두 사람.

파도 소리가 커졌다 작아졌다 한다.

장난치다가 소리를 확 줄여버리는 은수.

파도는 소리 없이 하얀 거품만 일고,

해변을 거니는 연인들도, 자기를 바라보는 상우도

어쩐지 조금 낯설다.

S#63.   어머니 산소 (낮)

상우의 차가 한적한 길에 서 있다. 산소 옆에 앉은 두 사람.

겨울을 난 잔디가 파랗게 올라오는 중이다.

아버지의 이름도 쓰어 있는 비석을 쓰다듬는 아버지.

상우	엄마 돌아가실 때 나이랑 제 나이랑 비슷하네요.
아버지	그러냐…. 네 엄마는 아직도 스물일곱 살인데….
	젊은 여자 데리고 사는 것 같아서 좋아, 난.
	(산소에 대고) 미안해. 이 자식 때문에 하루
	늦었어.
상우	….
아버지	추운데 이 안에 어떻게 들어가나?

난 아직도 네 엄마가 많이 생각난다.

이상하지….노래 부를 땐 생각이 안 난단

말이야.

담배 한 대를 피워 무는 아버지.

아버지	요즘 사귀는 사람 있는 것 같던데….
	집에 한번 데려와 봐….
	할머니 돌아가시기 전에 결혼해야지.
상우	네.

S#64. 상우 집 (해 질 녘)

안방에 모여 앉아 고스톱 치는 고모와 동네 아줌마들.
방금 돌아온 아버지가 방문을 열고 들여다본다.

아버지	어머니는…?
고모	응? 저기, 방에 계시잖아.
아버지	어느 방에?
고모	아, 저기.
아버지	(소리가 커진다) 어느 방에?

고모   아, 가만있어 봐. 오빠는 지금 중요한 때에…

아버지   다 집어치우지 못해?

           빨리, 어머니 방에 안 계시잖아. 지금!!!

간이 떨어질 듯 놀라는 고모와 동네 아줌마들.

차를 세우고 들어오는 상우. 집안 분위기가 좀 이상하다.

아줌마들이 우르르 몰려 나간다.

아버지   할머니가 없어지셨다.

부랴부랴 나서는 아버지와 고모, 아줌마들.

상우도 따라나선다.

S#65.   파출소 (밤)

파출소 문을 기웃거리며 들어오는 아버지와 고모.

그리고 상우.

할머니가 난로 옆에 앉아 아버지와 고모를 기다리고 있다.

아버지를 멍하니 쳐다보는 할머니.

순경   가족분들 되세요?

저 할머니 기찻길에 서 계신 걸 모셔 왔습니다.
저 할머니가 자꾸 수색역에 가시겠다는데
거기 어디 연고가 있으신가요?
연락을 해봐도 그쪽 사람들도 모른다고 하고….
가족들이 신경 좀 쓰셔야 할 것 같습니다.
모셔 가세요.

할머니는 자꾸 역에 나가야 한다고 말한다.
아버지는 그 순경에게 코가 땅에 닿도록 인사를 하고
고모가 할머니를 살며시 끌어안는다.

고모   (할머니를 안으며) 엄마… 미안해.

S#66.   상우 집 마루 (밤)

말없이 앉아 있는 아버지, 고모, 상우.
아버지, 고개를 숙이고 있다. 담배를 꺼내는 아버지.

고모   …어쩌면 그게 엄마한테 더 좋은 걸 수도 있어,
             오빠.
아버지   ….

고모   나, 일 끝날 때까지만이라도 그렇게 하는 게….

                 엄마 때문에 아무것도 못 하잖아.

                 나보고 이렇게 계속 있으라고?

아버지   ….

상우   ….

S#67.　잔치 (낮)

할머니의 잔칫상이 뒤에 놓여 있는 시끌시끌한 잔치 풍경.

할머니 주위에 친구분들이 여럿 앉아 있다.

도란도란 이야기를 나누는 친구분들.

어떤 분은 정신을 놓은 할머니의 손을 붙잡고 할머니의

얼굴을 지긋이 보는 분도 있고, 어떤 분은 아예

손수건을 꺼내서 "오래 살 필요 없다"라며

눈물을 닦아내고 있다.

할머니 친구분 중에 한 분이 상우 할머니를 부축하고

앞으로 나온다. 천천히 걸어 나오더니

반주도 없이 노래를 시작한다.

"연분홍 치마가 봄바람에 흩날리더라.

오늘도 옷고름 씹어가며 산 제비 넘나드는 성황당 길에

꽃이 피면 같이 웃고 꽃이 지면 같이 울던

알뜰한 그 맹세에 봄날은 간다"*

노래가 진행됨에 따라 눈물을 보이는 할머니 친구분들.
분위기가 좀 숙연해진다. 조금씩 따라 부르는 할머니도
아무도 눈치채지 못할 만큼 입가엔 엷은 웃음이 감돌고
눈가가 조금 젖는다. 이미 술에 취한 상우 아버지는
할머니 뒤편에서 "우리 엄마 왜 이렇게 늙어버렸냐" 하며
고모를 붙잡고 주정을 해댄다.
아는지 모르는지 자기들끼리 돌아다니며 떠드는 아이들.
맛있는 코너 앞에 줄을 지어 늘어선 사람들.

S#68.   국도 (낮)

차 그림자가 길게 떨어지는 오후 서너 시의 나른한 오후 햇살.
상우의 차 앞에 이삿짐을 실은 트럭이 달린다.
이삿짐 한가운데 엄마에게 안긴 채 실려가는 꼬마.
짐을 덮어놓은 담요 자락이 바람에 펄럭이는데
그 사이로 상우와 꼬마의 눈이 마주친다.

* 〈봄날은 간다〉(손로원 작사, 박시춘 작곡)

웃어주는 상우. 꼬마도 웃으면서 엄마한테 숨는다.

차는 앞에 가는 트럭과 갈림길에서 멀어진다.

가물가물 멀어지는 이삿짐 트럭. 상우 옆에 앉은 아버지는

창밖을 내다보고 있고 뒷좌석에 고모할머니도 조용하다.

상우의 시선이 멀리까지 그 트럭을 따라간다.

요양원으로 들어가는 상우 차.

S#69.   상우 집 마루 (낮)

집에 돌아온 상우. 집 안을 두리번거린다. 조용한 집 안.

아버지 방문을 열어보는 상우.

아버지는 소주병을 술잔에 기울이고 있다.

다녀왔다고 인사하는 상우에게 됐다고 손짓하는 아버지.

문을 살짝 닫는 상우.

S#70.   은수 집 앞 (저녁)

상우의 차가 아파트 단지로 들어오다.

차 앞에 서서 은수 집을 올려다보는 상우.

불이 꺼져 있다. 핸드폰을 연다.

상우   (장난스럽게) 나야, 지금 갈게.

은수   (막 잠에서 깬 듯한 목소리) 지금 몇 시야?

은수 방에 스탠드 불이 켜진다. 상우, 계속 올려다본다.

은수   (목소리만) 몇 시야, 아, 나 그냥 잘래.

         아침에 일 나가야지.

상우   갈게~.

은수   그냥 자자. 응? 나 아침에 일찍 나가야 해.

         낼 바쁘단 말이야. 좀 자야지.

         오지 마, 나 좀 봐줘.

         상우 씨 오면 또 못 자잖아.

상우   그래, 그럼.

핸드폰을 닫는 상우. 차를 몰고 가다가 차를 세운다.

차에서 내려 담배 한 대를 피운다.

핸드폰을 열었다가 다시 닫는다.

다시 핸드폰을 열고 번호를 누른다.

은수   왜, 또.

상우   나, 사실은 집 앞이거든?

은수   …그냥 잠만 자는 거다. 그럼.

S#71.　　은수 집 (낮)

탁자 앞에 앉아 있는 상우. 은수는 가스불 앞에서

라면을 그릇에 담고 있다.

두 사람 다 옷을 입은 둥 마는 둥 대충 걸치고 있다.

　　　상우　　　　　엄마 돌아가시고 아버지한테 죽어라 하고 맞은

　　　　　　　　　　적이 있었는데⋯ 내가 엄마, 엄마 하며 울더래.

　　　　　　　　　　그 후론 한 번도 안 때렸대.

　　　은수　　　　　⋯.(말없이 상우를 본다)

그릇을 가지고 탁자 앞에 앉는 은수.

김치가 없자 냉장고에 김치를 꺼내러 간다.

상우가 물도 가져오라고 한다. 물도 가져오는 은수.

그 중간중간 들려오는 상우 얘기.

　　　상우　　　　　우리 아버지가⋯

　　　　　　　　　　사귀는 여자 친구 있으면 한번 데려오라는데⋯.

　　　은수　　　　　⋯.(라면만 먹는다)

　　　상우　　　　　⋯싫어?

　　　은수　　　　　⋯.

　　　상우　　　　　⋯.

은수   상우 씨….

상우   ….

은수   난 결혼 다시 안 할 거야. 미안해.

            더 좋은 사람 만나서 결혼해야지.

S#72.   방송국 복도 (저녁)

복도 의자에 앉아 창밖을 내다보고 있는 은수.

외투를 입고 있다. 옆에 자판기가 있고 그 옆에는 소화기.

커피를 뽑다가 소화기에 눈이 간다.

옆문이 열리고 지난번 초대 손님으로 왔던 남자가 나온다.

남자	어~ 여기서 뭐 해요?
은수	응…. 다른 프로 녹음하셨나 봐요.
남자	네….
은수	….
남자	저녁 같이 먹을래요?
은수	소화기 어떻게 사용하는지 알아요?
남자	네?
은수	아니에요.
남자	저녁 같이 먹을래요?

S#73.　은수 집 (밤)

벨이 울리고 노크도 하고 그러더니 딸각딸각 문이 열린다.
상우가 안 가고 있다.

은수	어. 안 갔네?

은수는 술을 마셨는지 얼굴이 발그레하다.
방으로 들어가더니 그대로 옷을 벗고는 침대에 쓰러지는
은수. 이불을 푹 뒤집어쓰고 돌아눕는다.

상우   …왜 안 씻고 자. 씻어.

은수   싫어…. 아침에 씻었어….

상우   씻고 자.

은수   …싫어, 귀찮아….

        옆에서 자기 싫으면 소파에서 자.

        상우 씨. …미안해.

S#74.   국도 (낮)

쓸쓸한 아우라지 강변을 따라 달려가는 상우의 차.
은수와 상우는 좀처럼 말이 없다.

은수   잠깐만, 상우 씨.

아주머니 한 분이 간이 버스 정류장에 서 있다.
차를 세우고 길을 물어보는 은수.

은수   저희가 유현리로 가는데요.

S#75.　삼거리 (낮)

작은 삼거리가 나오자 상우가 차를 세운다.

뒷자리에 탄 아주머니는 밖을 유심히 보고 있다.

　　아주머니　　여기 맞는데. 잘 모르겠네.

오른쪽으로 가는 상우의 차.

잠시 후 다시 돌아오는 상우의 차.

　　아주머니　　30년 만에 왔더니 잘 모르겠어.

　　　　　　　그땐 참 재밌게 지냈는데.

　　　　　　　교장 선생님이 냇가에서 잡은 거라며 매운탕을

　　　　　　　끓여가지고 수업 시간에도 들어오고 그랬어.

　　　　　　　아이들하고 같이 먹고 그랬는데.

　　　　　　　선생님들끼리 죽이 잘 맞아서 매일 놀러 다니고.

아주머니는 그때 시절이 눈앞에 선하다는 듯

이야기를 늘어놓는다.

　　은수　　　지금 가시면 누구 아는 분이라도 계신가요?

　　아주머니　　(조금 기대에 찬 얼굴이다)

글쎄, 그건 가봐야 알지.

S#76. 학교 (해 질 녘)

수업이 끝난 학교 운동장. 낡았지만 작고 아름다운 학교.

교실 한쪽에 아이들이 키를 재며 줄을 그어놓은 곳을

발견하는 은수. 뒤돌아 자신의 키를 재본다.

그런 은수를 창 너머로 지켜보는 상우.

운동장 쪽 현관 앞에 매달린 작은 종이 녹슬어 있다.

동네 아이들과 낡은 종소리를 녹음하는 상우.

창 너머로 상우를 보는 은수.

학교 정문에는 아까 그 아주머니가 누군가를 기다리며 서 있고

초로의 신사가 아주머니에게 다가간다.

조금 거리를 두고 인사를 나누는 두 사람.

해 질 녘 햇살을 받으며 서 있는 초로의 연인들.

가만히 서서 이야기를 주고받는다.

S#77. 국도 (해 질 녘)

해 질 녘의 시골 풍경.

은수	뭐 다른 일 좀 더 찾아봐야 하겠다.
	이 일도 거의 다 끝나가는데.
상우	무슨 말이야?
은수	(창밖을 보면서) 그냥 끝나간다고.
상우	….

S#78.   동해안 어느 소도시 버스 터미널 (밤)

상우의 차가 버스 터미널을 지난다. 차를 세우는 상우.

상우   나, 어디 갈 데가 있거든.

은수   ?

상우   …여기서 내릴래?

은수   …(상우를 보다가) 그래….

은수가 내린다.

낯선 길가에 은수를 세워두고 떠나는 상우 차.

상우 차를 바라보는 은수.

S#79.   극장 앞 매표소 (밤)

사람이 없는 극장 매표소. 혼자 표를 사는 상우.

S#80.   극장 안 (밤)

어두운 공간에 들어가 잘 보이지 않는 상우. 헤맨다.

겨우 자리를 잡고 영화를 보는 상우.

S#81.   은수 집 (밤)

은수는 베란다에서 빨래를 걷는다.

빨래를 아무렇지도 않게 걷어내고는 방으로 들어간다.

마루에 던져져 있는 빨래들.

은수, 방에서 다시 나와서 하나하나 차근차근 개기 시작한다.

S#82.　　은수 집 (밤)

계단을 올라오는 상우. 열쇠로 문을 열고 들어와서

열쇠를 신발장 위에 놓고 신발을 벗는데 현관 신발장 위에

차곡차곡 개어진 상우의 속옷들이 보인다.

그 아래에는 상우 가방이랑 상우의 남은 물건들.

신발을 신은 채로 안방 문을 열어보는 상우.

은수는 자고 있다. 싱크대 수도에서 물을 잠그지 않은 소리.

뚜벅뚜벅 걸어가서 싱크대 물을 콱 틀어 잠근다.

조용해진다. 은수 집을 나가는 상우.

S#83.　　계단 (밤)

계단 앞에 가만히 서 있는 상우. 주머니를 툭툭 쳐본다.

다시 돌아간다.

현관문을 그냥 열더니 신발장 위에 있는

자동차 열쇠를 집어 가는 상우.

은수, 가만히 눈을 뜨고
상우가 나가며 문이 닫히는 소리를 듣는다.

S#85.　　국도 (밤)

불이 하나밖에 안 들어오는 상우의 차가 국도를 달린다.

창을 내리면 바람이 밀려들어 온다.

라디오에서 나오는 은수의 방송. 들렸다 안 들렸다 한다.

꺼버리는 상우.

바쁘게 일하고 있는 상우.

더운지 연신 목에 흐르는 땀을 닦아낸다.

옆에 놓인 핸드폰이 울린다.

한참 울린 후에야 받아 드는 상우. 바쁜 목소리다.

상우   어디예요? 집이면 내가 다시 걸게요.

전화를 끊고 나가는 상우.

S#87.   녹음실 밖 (해 질 녘)

더위가 한풀 꺾인 해 질 녘의 거리에 은수가 서 있다.

상우   ….
은수   화났어?
상우   ….
은수   그냥… 보고 싶어서 왔어.

             나랑 커피 한 잔만 마시고 가. 저기서….

녹음실 밖 한구석 은수가 가리키는 곳을 보면

자판기가 있다. 자판기에서 커피를 뽑는 상우.

그런 상우를 은수가 물끄러미 바라보는데,

눈가에 물기가 묻는다.

나란히 길가에 서서 커피를 마시는 상우와 은수.

종이컵을 입에 물고 은수의 옷자락을 만져주는 상우.

은수는 가만있다.

은수   내가 오니까 좋아?

상우   ….(끄덕끄덕)

상우의 전화가 울린다. 아쉬운 듯 돌아서는 상우.

은수   상우 씨.

상우의 소매 끝을 살짝 붙잡고 끌고 가는 은수.

어두운 곳으로 끌려가는 상우.

골목 한 귀퉁이에서 상우를 세워놓고 입 맞추는 은수.

S#88.   버스 터미널 대합실 (밤)

의자에 앉아 버스를 기다리고 있는 상우와 은수.

은수, 터미널에 오가는 사람들을 보고 있다.

은수   (문득… 앞을 보면서) 상우 씨.

            우리 친구로 지내는 게 좋을 것 같아.

상우   …나 싫어?

은수   아니, 좋아.

상우   근데 왜…?

은수   우리 처음 만났을 땐 참 좋았는데, 그치?

표를 들고 일어나는 은수.

상우   내가 데려다줄게.

은수   혼자 갈게, 그냥.

상우   데려다줄게.

S#89.   국도 (밤)

앞으로도 뒤로도 차가 한 대도 지나지 않는 국도의 밤길.

멀리 상우의 차가 보인다. 아주 간간이 지나는

맞은편 차량의 불빛만 보일 뿐 조용하다. 잠들어 있는 은수.

옆에서 별 하나가 상우의 차를 따라온다.

힐끔힐끔 쳐다보는 상우. 차를 길가에 대는 상우.

창문을 조금 내리고 에어컨의 방향을 발 쪽으로 바꾸어준다.

차에서 내려 담배 한 대를 꺼내 물고 근처 풀숲으로 간다.

오줌을 누면서 하늘을 올려다보는데

쏟아질 듯 많은 별들이 상우를 내려다보고 있다.

S#90.   은수 방 (밤)

침대에 누워 있는 두 사람.

상우와 은수, 서로 등을 돌리고 잠을 청하고 있다.

상우   자…?

은수   아니.

상우   …좋아하는 사람 생겼어?

은수   그런 건 아니야.

상우   ….

은수   우리… 한 달 정도만 만나지 말아볼까?

상우   …헤어지잔 얘기야?

은수   모르겠어.

S#91.   요양원 (낮)

요양원 앞에 서 있는 상우 차. 할머니와 앉아 있는 아버지.
할머니의 얼굴을 못 보고 고개를 숙이고 있는 아버지.

할머니   집은 괜찮지? 상우는 잘 있니?
             …난 괜찮다. …난 걱정 말고 가서 잘 살아.

아버지   ….

(시간 경과)

창밖으로 상우의 차가 보인다.

상우도 차 뒤에서 담배를 피우고 있다.

복도 끝에 앉아 있는 아버지.

할머니, 아버지에게 다가온다.

할머니　　아범아… 나 가만있을게….

　　　　　　나 데려가라…. 나 가만있을게…. 나 데려가.

아버지　　….

할머니　　…안 돼? 그냥 여기 있어…?

S#92.　　상우 방 (저녁)

상우가 방 청소를 하고 있다. 이것저것 쌓여 있는
벽장에서 필요 없는 물건들을 골라내고 있다.
먼지도 쓸어내고 방도 닦는다. 방바닥에 돌아다니는 핸드폰.
거치적거리는 핸드폰을 책상 위에 올려놓는다.
빗질을 하다가 다시 와서 핸드폰을 보는 상우, 전화를 건다.

상우　　나야.

은수　　….

상우　　…그냥 걸었어.

은수　　나 지금 좀 바쁘거든…. 내가 좀 있다 걸게.

상우   …그래.

"상우야, 밥 먹어라" 소리가 들린다.

S#93.   마루 (저녁)

식구들이 다 모여 밥을 먹고 있다.
할머니는 얌전히 앉아 있다.

아버지   상우야, 사귀는 친구 있으면 데려오라니까.
            왜… 없어? 없는 거야, 안 데려오는 거야?

고모가 아버지에게 눈치를 준다.

고모   …애 밥 먹는데…. 오빠는… 그냥 두세요.
아버지   뭘 그냥 내버려둬… 내버려두긴….
            무슨 죄지었어?
상우   ….
아버지   한번 오라 그래.
            할머니 돌아가시기 전엔 결혼해야 할 것 아냐.
            결혼이 너 혼자 하는 것도 아니고… 한번 보자.

고모   그래, 한번 데려와 봐. 상우야.

상우   (고모를 쳐다보며 왜 고모까지 그러냐는 듯) ….

할머니는 아무런 말 없이 식구들의 얘기를 듣고 있다.
상우를 물끄러미 보던 할머니, 김치를 손으로 집어 먹는다.

고모   엄마…. 그러지 말라니까… 참….

할머니 손을 붙잡아 닦아주는 고모.
상우, 일어나 방으로 들어간다.

아버지   어딜 가…. 이리 와…. 밥 안 먹어?

상우   네…. 생각 없어요…. 나중에 먹을게요.

S#94.   상우 집 (밤)

아버지는 마루에 앉아 담배를 피우고 나서 상우를 부른다.

아버지   상우야, 자니? …상우야~.

대답이 없다가 문이 열리고 상우가 나온다.

아버지   너 이리로 좀 와봐라. 여기 좀 앉아봐….

          요새 뭐 안 좋은 일 있니?

상우   ….

아버지   (담배 한 대를 피워 문다) 아버지랑 술 한잔할래?

상우   아뇨…. 됐어요.

아버지   그래…. 먹기 싫은 술 마시면 안 되지.

아버지가 전축에 CD를 넣는다.

아버지   내가 좋은 노래 하나 들려줄까…. 신나는 걸로?

          술 마시기 싫으면 아버지랑 춤이나 한번 추자,

          어때…?

상우   (뜨악한 표정이 돼서 실소를 짓는다) ….

아버지   자식이 웃기는….

아버지, 상우의 손을 붙잡고 춤을 춘다.
보기보다 춤을 잘 추는 아버지. 무슨 일인가 싶어서 문이
열리고 고모가 부스스 나온다. 할머니도 빠끔히 쳐다본다.
춤추는 부자를 보더니 "어머, 어머" 하며 웃기 시작한다.
불 켜진 마루에서 난데없이 춤판이 벌어진 상우 집.
불이 환한 마당. 베란다 기둥에 매어둔, 모기 잡는 통 근처에는
모기들이 왱왱~.

S#95.   포장마차 (밤)

옆 사람과 상우가 애기하고 있다.

옆 사람과 안주를 하나 놓고 사이좋게 술을 마시는 상우.

상우   그게 아니라니까.

남자   아니긴….

            그걸 꼭 찍어 먹어봐야 맛을 아니? 응~?

            나도 그런 거 많이 겪었다.

상우   (한번 쳐다보고) 아냐.

남자   아니긴…. 순진하구나.

            너, 마 인생을 살다 보면 다 그런 거야.

            …그런 일도 있어야 살 만하지 않겠어?

            깨끗하게 잊어, 인마.

            그 계집애 남자 생긴 거 맞아. 잊어.

            술값은 네가 내라.

            상담료 낸 걸로 하고, 응? 나, 간다.

            너 담에 여기서 만날 때 또 그러고 있으면 아주

            죽어, 나한테.…알았지?

가만히 듣고 있다 남자가 나가고 생각하는 상우.

술 한 잔을 들이켠다.

상우   저 씹새끼~! 거기 안 서, 새끼야…!

쫓아 나간 상우, 남자와 주먹다짐을 한다.
주인아저씨가 뛰어나가 말린다.

주인아저씨   아니, 모르는 사람끼리 사이좋게 술 마시다

             왜 이래? 응? 아니, 왜 이래…!

S#96.   방송국 (밤)

방송국 앞에 차를 세워놓고 기다리는 상우.
담배를 피우며 왔다 갔다 하고 있다. 다시 차에 타는 상우.
저 앞에 은수가 초대 손님으로 왔던 남자와 애기를
나누며 나온다. 무슨 애기를 나누는지 즐겁게 웃으면서
나오는 은수. 같은 차에 타는 두 사람.
상우, 보고 있다가 자기 차에 시동을 건다.
방송국을 빠져나오는 은수 차. 상우, 따라간다.
조금 따라가다가 멈추는 상우의 차.
가만히 앞서가는 차를 보다가 거울을 들여다본다.
고개를 숙이는 상우.

S#97.　은수 집 (밤)

은수 집 현관이 딸그락딸그락한다.
현관문이 열리다가 덜컥 고리에 걸린다.

　　　상우　　　　(취한 목소리) 문 열어.

잠시 있다가 은수, 나타난다. 고리를 풀어 문을 열어주고는
한 걸음 뒤로 물러나는 은수.
상우는 은수의 시선을 피하면서 집으로 들어온다.
방으로 들어가는 상우.
곧이어 상우가 우는 소리가 방 안에서 들려온다.
표정 없이 가만히 소파에 앉아 있는 은수.
서럽게 우는 상우. 엉엉 운다.

S#98.　은수 집 앞 (낮)

아침부터 날씨가 무척 덥다. 버스를 기다리는 사람들이
정거장에서 좀 떨어진 그늘로 모두 피해 있다.
작은 양산을 쓰고 버스를 기다리는 은수.
옆에 서 있는 상우.

상우   데려다줄게.

은수   아냐, 그냥 버스 타고 갈게.

상우   내가 어제 실수한 거 없지?

은수   응. 실수한 거 없어. 걱정하지 마, 너무.

상우   나 기억이 안 나거든.

         내가 혹시 실수한 거 있다면 미안하다.

노란 버스가 보인다.

사람들, 그늘에서 나올 생각도 하지 않고

버스가 코앞까지 오기를 기다리고 있다. 버스가 와서 선다.

천천히 버스 쪽으로 걸어가는 은수의 양산. 버스에 탄다.

멀어지는 버스를 보고 서 있는 상우.

S#99.   버스 안 (낮)

창밖의 상우에게 가볍게 인사하고 자리에 앉는 은수.

사람이 많지 않은 버스 안. 동네 사람 몇몇만 타고 있다.

은수의 얼굴 뒤로 멀어지는 상우.

은수   (버스 기사를 향해) 아저씨, 잠깐만요.

버스가 서면 은수가 내린다.

또박또박 상우에게 걸어가는 은수.

S#100. 상우 차 안 (낮)

은수   …나… 정말 점점 부담스러워져.

상우   …잘할게.

은수   내가 자신이 없어.

             자꾸 상우 씨한테 함부로 하는 것 같아.

             자꾸 미안해지는 것도 싫고….

상우   …다른 남자 생겼어?

은수   ….

상우   …그 사람이랑 잤니?

은수   ….

상우   …미안해.

은수   …아냐, 내가 미안해.

상우   …너 나 사랑하니?

은수   …그냥 친구로 지내면 안 될까….

상우   나 사랑하냐고….

은수   …아닌 것 같아.

상우   …어떻게 사랑이 변하니.

너 나 사랑한다고 했었지.

근데 어떻게 지금 사랑하지 않는다고 하지?

어떻게 사랑이 변하니? 말이 돼?

난 그런 거 이해할 수가 없어. …안 되겠니?

은수 응…. 미안해.

상우 …미안하다…. 그래, 미안하겠지.

    뭐가 미안한지 모르면서도 미안하겠지….

    그래… 그렇겠지.

그래, 헤어지자…. 잘됐어….

참, 열쇠 줘야지.

열쇠를 찾는 상우, 계속 주머니를 뒤진다.

상우   …미안하단 얘기 참 듣기 싫었어.

           …그 얘기 이제 안 듣겠네….

열쇠를 건네는 상우. 상우를 쳐다보던 은수, 내린다.

상우, 뒤도 안 돌아보고 차를 출발시킨다.

차가 단지 앞을 빠져나갈 때까지 바라보는 은수.

S#101. 은수 집 (낮)

따뜻한 햇볕이 드는 은수 집 창가.

CD의 포장을 뜯고 있는 은수.

손톱으로 비닐을 벗기려고 하는데 잘 안된다.

이리 뜯고 저리 뜯고… 잘 안 뜯어진다.

창 너머에서 아이들이 노는 소리가 들려온다.

집요하게 CD 포장 비닐을 뜯고 있는 은수.

S#102. 차 안 (낮)

차창을 내리고 손을 뻗어 바람을 느껴보는 상우.
시원하다.

S#103. 기차역 (낮)

기차역 창밖에 상우의 자전거가 세워져 있다.
자전거 뒤에 묶여 있는 오렌지색 농구공.
창 안쪽 바로 밑 의자에 상우와 할머니가 앉아 있다.
표정 없이 개표소를 보고 있는 할머니.

상우	(짜증 섞인 목소리로) 할머니, 이제 가요.
할머니	상우가 아직 안 왔는데….
상우	할머니, 제가 상우예요.
할머니	(쳐다보다) …아냐, 상우가 아직 안 왔어….
상우	할머니… 제가 상우라고요.
	이제 여기 오지 마요, 할머니.
	여기 자꾸 왜 와요….
	여기 할아버지 없어요.

화를 내는 상우를 보고 있던 할머니.

주머니를 뒤져 백 원짜리 하나를 상우의 손에 쥐여준다.

오후 햇살이 길게 들어오는 역사 안,

할머니는 개표소를 보고 있다.

S#104. 상우 집 (낮)

상우 집에 기차 소리가 이어진다.
할머니 방에 틀어놓은 녹음기에서 나오는 기차 소리.
상우 옆의 할머니, 편안한 표정으로 앉아 있다.

S#105. 포장마차 (밤)

주인아주머니가 술병과 안주로 채소 몇 가지를 놓고 간다.
상우, 아주머니가 놓고 간 술병을 잠시 보고 있다.
한 잔 따라 마시고는,

상우　　　　아주머니, 얼마예요?

그냥 나가는 상우.

S#106. 상우 집 (밤)

이불 덮고 누워 있는 상우. 핸드폰이 울린다.
벌떡 일어나 가방을 뒤진다. 핸드폰을 막 찾는 상우.

핸드폰은 꺼져 있다. 핸드폰을 만지는 상우.
버튼을 몇 개 누르고 메모리에서 은수의 번호를 지워버린다.

S#107. 핸드폰 대리점 (낮)

상우, 핸드폰 대리점으로 들어선다.

직원   무얼 도와드릴까요, 손님?

상우   핸드폰 바꾸려고 왔는데요.

직원   전화번호 그대로 쓰실 거예요?

상우   …아니요.

직원   그러세요…. 그럼, 이걸 적어주시겠어요?

서류에 빼곡히 무언가 써 내려가는 상우.

상우   에이, 그냥 놔두세요.

S#108. 다방 (낮)

정국과 차를 마시는 상우.

상우   신기하다. 왜 못 잊지? 나 미련 같은 거 없거든?
           …나도 잊고 싶어.
           걔는 잘도 잊던데 난 왜 안 되지?
           분해서 그런가? 걔가 먼저 꼬신 거 아냐?

좀 허탈하게 웃고 있는 상우. 정국은 듣고만 있다.

상우   이상해…. 잠도 안 와. 힘든데 왜 못 잊지?

왜 생각나냐고….

이 세상에서 제일 좋아한다고 생각했어.

근데 지금은 미워.

제일 좋아하기도 하고. 이게 말이 되니?

정국   …이따가 술 한잔할까.

상우   아냐, 됐어…. 나 별로 술 마시고 싶지 않아.

맨정신으로 잊고 싶어.

나… 요즘은 우리 할머니가 부럽다.

얼마나 좋을까…. 좋은 거만 기억하고….

정국   (한참을 바라본다) … 상우야….

그 여자도 언젠가는 늙을 거 아니니.

애 낳고, 마흔 살 쉰 살, 조금 있으면 할머니 될

거 아니니.

그런 생각을 해보라고…. 사실이 그렇잖아.

그런 생각 하면 조금 나아지지 않니?

상우   그러네…. 그런 생각 하니까 갑자기 불쌍해진다.

근데… 그래도 보고 싶어.

정국   (한참을 바라본다) …상우야….

길가에 차 세워놓고 왔거든.

이따가 밤에 술 한잔해, 그럼.

상우   나 술 안 먹는다니까…. 술 안 먹어.

나, 술 먹으면… 걔가 돌아올 것 같아…

정국　　　　아, 참~ 그랬지…. 나 지금 가야 하거든….

상우　　　　…그래, 그냥 가라, 가~! 네가 친구냐… 새끼야.

벙한 표정의 정국.

상우　　　　아냐… 미안해…. 그래, 그냥 가.

나중에 또 보자.

S#109. 약국 (낮)

상우, 약국에 들어와 약을 찾는다.

상우   먹으면 바로 잠드는 걸로 좀 주세요.

S#110. 상우 방 (밤)

깊은 밤. 이리저리 뒤척이다가 벌떡 일어나는 상우.
방문을 열고 나간다.
마루에 걸터앉은 상우, 마루에 있는 시계를 본다.

S#111. 은수 집 앞 (밤)

어른거리는 은수의 모습. 은수의 방에 불이 꺼진다.
바라보던 상우. 차를 출발시킨다.

S#112. 분기점 (밤)

차를 세우는 상우. 라디오를 켠다.

은수의 심야 방송이 나온다. 은수의 목소리를 듣는 상우.

S#113. 차 안 (아침)

상우는 차 안에서 자고 있다. 다시 은수의 집 앞이다.

창을 두드려 상우를 깨우는 은수.

여행 가방 같은 걸 들고 있다.

눈을 뜨는 상우. 약간 눈이 부시다.

은수	상우 씨, 여기서 뭐 하는 거야.
상우	…보고 싶어서 왔어.
은수	….
상우	…어디 가?
은수	응.
상우	….

한숨을 쉬더니 돌아서는 은수.

아무 말 없이 자기 차로 돌아간다. 차를 출발시키는 은수.

'초보 운전'이 붙어 있는 새 차다. 상우, 멀어지는 차를 본다.

S#114. 콘도 앞 (낮)

은수의 차가 콘도 쪽으로 들어간다.
잠시 뒤 나타난 상우의 차도 들어간다.

S#115. 콘도 주차장 (낮)

이리저리 살피며 주차장을 뒤지는 상우.

은수의 차가 주차되어 있다.

상우, 차를 멈추고 은수의 차를 보고 있다.

은수의 차 앞에 선 상우. 주위를 둘러본다.

주머니를 뒤져 동전을 꺼내더니

은수의 차를 긁기 시작하는 상우.

한참을 긁고 있는데 은수가 현관에서 나온다.

은수와 눈이 마주치는 상우.

상우, 급히 차를 몰고 도망간다.

한참을 도망가는데 뒤에서 전조등을 쏘면서 따라오는 은수.

상우, 속도를 높인다. 멀어지는 상우의 차.

은수, 차를 길가에 세우고 내린다.

도망가는 상우를 한동안 바라보는 은수.

비행기가 지나간다. 하늘을 보는 은수.

S#116. 상우 집 (낮)

낙엽이 지고 눈이 내리는 상우 집 마당.

S#117. 상우 방 (낮)

멍하니 누워 있는 상우.
눈 내리는 걸 보고 있다가 스르르 잠든다.

S#118. 할머니 방 (밤)

오래된 장롱, 맨 밑 칸 서랍을 여는 할머니. 상자가 나온다.
상자 안에는 오래된 미제 초콜릿이며 사탕,
상우의 교련복 단추 등이 들어 있다.

S#119. 상우 방 (밤)

상우의 방문이 스르르 열린다.
어둠 속에 할머니가 들어오더니, 잠을 자고 있는 상우
머리맡에 뭔가를 둔다. 상우 얼굴을 들여다보고는 한번
이마를 쓰다듬어주는 할머니. 잠든 상우 머리맡에 사탕
하나와 백 원짜리 동전이 놓여 있다.

S#120. 상우 방 (낮)

상우, 게슴츠레 눈을 뜬다. 창으로 햇살이 길게 들어온다.

S#121. 상우 집 (낮)

햇살이 따스하다. 할머니랑 나란히 앉아 해바라기하던 상우.
맑은 햇살 때문에 마당 구석구석까지 선명하게 보인다.
마당을 감싸고 있는 봄기운. 상우가 갑자기 울기 시작한다.
소리도 없이 눈물만 하염없이 흘러내린다.
할머니는 상우를 오랫동안 바라보더니
빙긋이 웃으면서 등을 토닥거려 준다.

　　할머니　　　(장난스럽게) 자고로 떠난 버스랑 여자는
　　　　　　　　　잡는 게 아니야, 상우야.

상우는 울음을 그치고 할머니를 쳐다본다.
마당엔 봄이 오고 있다.

S#122. 할머니 방 (낮)

다시 붙여놓은 할아버지의 사진 위 테이프가 오래돼서
사진이 너덜거린다. 할머니는 그걸 붙여보려 애쓰고 있다.
몇 번이고 쓰다듬으며 만지는 할머니.
사진을 보며 엷은 미소를 짓고 있다.
할머니의 서랍 속에는 참 많은 것들이 있다.

누군가 입었을, 믿지 못할 만큼 작은 배냇저고리도 나온다.
고운 연분홍 한복을 꺼내놓고 하나하나 마름질하듯
살펴보고 있는 할머니. 댓돌에 얌전히 놓여 있는
할머니의 신발에 작은 버선발이 들어간다.
봄볕이 마당에 내리쬐고 있다.

S#123. 동네 (낮)

봄기운이 시작되는 동네 길 사이로 멀어져 가는 할머니.
동네 앞길을 지나고 학교 앞을 지나고
개나리에 물들 것 같은 할머니.
양산을 들고 개나리가 핀 길을 따라 하염없이 앞으로만 간다.

S#124. 시골길, 장의차 안 (낮)

차창 밖으로 개나리꽃이 활짝 피었다.
한참을 달려가도 노란 개나리가 군락을 지어 피어 있다.
창밖으로 꽃을 보고 있는 상우. 약간 눈이 부시다.
시골길을 달리는 장의 버스.

S#125. 할머니 산소 (낮)

일꾼들이 땅을 파며 하관을 하고 있다. 사진 두 개.
그중 하나는 할머니가 좋아하던 젊었을 적 할아버지의
사진이다.

S#126. 상우 집 (낮)

마루에 앉아 마당을 내려보며 볕을 쬐고 있는 상우.
담담하고 평온하다. 눈을 감아본다.
아무 소리도 들리지 않는다. 슬며시 눈을 뜨는 상우.
주변을 둘러본다. 꿈에서라도 깬 듯한 표정의 상우.
담담하고 평온하다.

S#127. 보리밭 (낮)

보리밭 한가운데 파묻혀 소리를 따는 상우.
헤드폰을 낀 채 소리를 듣고 있다.
보리밭이 바람에 술렁인다.

S#128. 어느 시골집 (낮)

문밖까지 나와서 상우에게 인사를 하는 작은할머니.
상우도 허리를 굽혀 인사한다.

상우   아버지가 꼭 알려드리라고 해서요….

작은할머니   (눈물을 훔치며) 그래요….

            형님께 미안하다고 말도 못 했는데….

상우   건강하세요….

작은할머니   잘 가요…. 안부 전하고….

            저…. (상우를 부른다)

상우   ?

작은할머니   할아버지랑 많이 닮았어요.

S#129. 방송국 (낮)

은수, 방송 원고를 보며 커피를 마시다, 틀린 거 고치고
핸드폰으로 전화를 하고 끊는다. 바쁘다.
한 장 한 장 원고를 정리하다 종이에 손을 베는 은수.
무심코 손을 높이 들고 흔든다.
유리창에 비친 자기 모습을 한동안 보다가 손을 내린다.

창밖의 봄비를 보며 앉아 있는 은수, 전화를 한다.

　　은수　　　　….

창밖의 봄비를 보며 앉아 있는 은수, 전화를 한다.

끊으려다가 다시 수화기를 귓가에 가져간다.

　　　　은수　　　　…나야…. 잘 지내?

전화를 끊고 창밖을 보면 노란 꽃들이 보인다.

S#130.　길가 (낮)

길가에 데면데면 서 있는 두 사람.
서로 말이 없다. 화분을 들고 있는 은수.

S#131.　근처 카페 (낮)

창밖으로 벚꽃이 한창인 그런 길.
상우와 은수, 마주 앉아 있다.
상우에게 화분을 건네는 은수.

　　　　은수　　　　화분에 물도 주고 그러시는 게 좋대.
　　　　　　　　　　이거 할머니 드려.
　　　　상우　　　　….

은수   잘 지내지?

상우   응….잘 지내.

은수   …참 날씨 좋다.…오늘 같이 있을까?

상우   ….

은수   그래, 그럼…. 괜찮아. 나 갈게.

상우   데려다줄게.

은수   아냐, 됐어. 나 혼자 갈게.

카페를 나가다가 뒤돌아보는 은수.

상우에게 손을 흔들어주며 희미하게 웃어 보인다.

상우도 그렇게 웃는다. 앉아 있는 상우.

창밖 벚나무들 아래로 사람들 속에 은수가 가고 있다.

벚꽃 구경하듯 천천히 걸어가는 은수.

환한 빛이 스며드는 창가. 화분을 바라보는 상우.

S#132. 은수 집 (낮)

은수의 동네에는 비가 내린다.

귀에 익숙한 옛날 노래가 흐르는 은수 집.

후드득후드득 창문에 빗방울이 떨어지고,

예전처럼 선글라스를 끼고 비를 만져보는 은수.

S#133. 상우 집 (낮)

마당에 다시 봄이 왔다.

상우 집 마당에는 초록빛이 선명하고 대형 상자들이
여러 개 쌓여 있다.

상우가 방 정리를 하고 있다.

여기저기 상자가 쌓여 있는 가운데 서랍을 뒤지는데
테이프 하나가 나온다. '강릉 방송국'이라고 쓰여 있다.

카세트에 들어가 돌아가는 테이프.

예전에 상우가 따로 모아둔 은수의 소리다.

은수의 음성이 들리고 강가에 물 닿는 소리가 들리다가

　　　"죽을 때 기억 하나만 가져가라면 뭐 가져갈 거야?"
　　　"나?"

이어서 어수선한 상우의 방 안에 은수의 콧노래 소리가
들린다. 미소 짓는 상우. 상자에 넣어지는 테이프. 봉인된다.
쌓여 있는 상자들 위에 은수의 테이프가 든 상자가 엎어진다.
마루에는 아버지의 노래자랑 사진이 걸려 있다.
할머니가 젊었을 때 양산을 들고 찍은 뒷모습 사진을
물끄러미 보는 상우. 사진들을 벽에서 떼어낸다.

S#134. 상우 집 마당 (낮)

아무도 없는 마당. 땅에 떨어지는 꽃잎들.

수돗가에도 젖은 분홍색, 노란색 꽃잎들이 붙어 있다.

어디서 날아왔는지 하얀 잎사귀들도 있다.
세숫대야에 동동 떠다니는 꽃잎들.

S#135. 동네 길 (낮)

동네에 봄이 가고 있다.
마지막 남은 꽃잎이 떨어지는 길을 상우가 걷고 있다.
세상 구경이라도 하는 듯 느릿느릿 주위를 둘러보며 걷는
상우.

끝

인터뷰

〈봄날은 간다〉 각본과 영화 사이,
그 찰나의 시학

주성철 × 허진호 스페셜 대담

〈8월의 크리스마스〉(1998) 이후 허진호 감독은 아시아가
주목하는 감독이 되었다. 비평적, 상업적 성공을 거둔 데뷔작
이후 두 번째 영화 〈봄날은 간다〉(2001)는 영원히 기억될
사랑을 다룬 전작과 달리 변해가는 감정을 담아내고자 했다.
사운드 엔지니어로 일하는 상우(유지태)는 알츠하이머에
걸린 할머니(백성희), 젊어서 사별하고 홀로 아들을 키운
아버지(박인환) 그리고 고모(신신애)와 함께 살고 있다.
어느 겨울, 상우는 강원도로 출장을 나가 지방 방송국 라디오
PD인 은수(이영애)를 만난다. 자연의 소리를 채집하는 녹음
여행을 함께하며 두 사람은 자연스레 가까워진다. 이혼의
경험이 있는 은수와 연하의 남자 상우는 "라면 먹을래요?"라는
대사와 함께 연인 사이가 된다. 하지만 "사랑이 어떻게
변하니"라는 또 다른 대사처럼 서서히 둘의 감정은 변해간다.
상우에게 미안하면서도 새로운 사람에게 이끌리는 은수와,

이별을 받아들이지 못하고 집착하는 상우는 겨울을 보내고
봄을 맞이하며 조금씩 어긋나기 시작한다.

〈8월의 크리스마스〉가 서로 아무것도 확인하지 못한 채로
서서히 물들어 가는 감정의 흐름을 지켜보기만 한 영화였다면,
〈봄날은 간다〉는 그 흐름이 어떤 단계를 넘어서 버려 손쓸
수 없는 상태를 받아들여야만 하는 영화였다. 〈8월의
크리스마스〉 이후 변해가는 감정을 이야기하고자 했던 허진호
감독은, 차올랐던 사랑이 필연적으로 다다를 수밖에 없는
지치고 피곤한 감정의 과정을 지켜본다. 제목의 작명법도
그러하지만 〈8월의 크리스마스〉가 가수 김광석의 활짝
웃는 영정 사진과 황동규 시인의 〈즐거운 편지〉라는 시에서
반어적인 콘셉트로 출발했다면, 〈봄날은 간다〉는 (허진호 감독이
최초의 이미지로 떠올렸다고 하는) 알츠하이머에 걸린 할머니와
실연당한 손자의 관계로 풀어냈다. 두 사람 모두 삶의 어느
시점에 크나큰 상처를 겪었고, 그 상처 위에 새로운 시간을
쌓아갔다. 그렇게 봄날은 가지만, 해마다 다시 찾아온다.
〈봄날은 간다〉가 제38회 백상예술대상 영화 감독상,
제22회 청룡영화상 최우수작품상, 제6회 부산국제영화제
국제영화평론가협회상, 제21회 한국영화평론가협회상
최우수작품상, 촬영상, 제14회 도쿄국제영화제
최우수예술공헌상을 수상하며 허진호 감독은 데뷔작에 이어
변함없는 비평적 성과를 끌어냈다.

가장 중요한 지점은, 변해가는 사랑의 감정을 예술가의
시선으로 포착한 것이 연출 방식에서도 드러났다는 것이다.
〈8월의 크리스마스〉와 달리 〈봄날은 간다〉는 완성된 영화와
각본의 내용이 상당히 다르기에 무척 흥미롭다. 전작의
흥행으로 여유롭고 넉넉해진 제작 환경은 허진호 감독은
물론 이영애 배우와 유지태 배우에게도 마음껏 예술적 유영을
즐길 수 있는 여건을 마련해 줬다. 배우들과 충분한 대화를
나누면서, 자유롭게 더하고 빼면서 촬영 자체를 즐긴 것.
은수와 상우가 처음 만나는 터미널 대합실 장면부터 "라면
먹을래요?"와 "사랑이 어떻게 변하니"라는 대사로 대표되는
만남과 헤어짐의 순간까지. 배우들이 그때그때 감정에 따라
감독과 함께 만들어간 무수한 장면들은, 지금껏 우리가 알고
있던 〈봄날은 간다〉를 전혀 다른 방식으로 이해하고 해석할
수 있는 자리를 마련해 준다. 각본집과 완성된 영화를 비교해
보는 과정만으로도 완전히 새로운 시선을 얻게 되는 것이다.
〈8월의 크리스마스〉는 물론 〈봄날은 간다〉를 더해 각본집
출간의 소중함을 새삼 깨닫게 된다. 그렇게 우리가 익히 잘
안다고 생각했던 영화들이 새로운 생명을 얻었다.

주성철   〈8월의 크리스마스〉와 비교하면, 〈봄날은
          간다〉는 각본집과 완성된 영화의 차이가
          굉장히 큽니다. 허진호 감독님의 연출 방식이
          이전 데뷔작에 비해 확 달라져서 그렇게 된
          것인지 궁금합니다.

허진호   두 번째 영화 〈봄날은 간다〉는 김형구
          촬영감독님과 함께하면서, 애초에는 〈8월의
          크리스마스〉와 달리 컷을 좀 나눠 촬영할
          생각이었어요. 그러면서 상우 장면을 찍기
          시작했는데, 나중에 그렇게 나눠서 찍은
          필름을 보니 뭔가 내 영화 같지 않은 거예요.
          이후 김형구 촬영감독님과 얘기를 나눠서
          롱테이크를 많이 가져갔는데, 결과적으로는
          〈8월의 크리스마스〉보다 더 컷 수가
          적더라고요(웃음). 아무래도 이영애, 유지태 두
          배우와 현장에서 많은 얘기를 나누고 그들과의
          호흡도 좋아서 그 흐름대로 가져가다 보니
          각본과 달라진 부분이 많았어요.

주성철   〈봄날은 간다〉는 '변해가는 감정'을 담아낸
          작품입니다. 〈8월의 크리스마스〉가 두 사람의

차오르는 감정이 어느 순간 정지될 수밖에
없었던 작품이라면, 〈봄날은 간다〉는 두 사람이
어떤 단계를 지나가 버린 뒤의 이야기를 다루죠.

허진호　〈8월의 크리스마스〉는 뭐, 가장 예쁠 때의
이야기죠(웃음). 누군가를 막 사랑하게 됐지만,
결국 서로 아무것도 확인하지 못하고 끝나버린
이야기고요. 당시 첫 번째 영화와는 다른 감정의
영화를 다음 작품으로 떠올리긴 했던 것 같아요.
원래 두 번째 영화로 염두에 두었던 건 〈봄날은
간다〉도 있지만 〈외출〉(2005)에 이어 저의 네
번째 장편영화가 된 〈행복〉(2007)도 있었어요.
〈봄날은 간다〉와 〈행복〉 두 편의 공통점이 바로
변해가는 감정, 사랑에 지쳐가는 모습이 담겨
있다는 점이죠. 그런데 〈봄날은 간다〉를 먼저
만들게 된 것은, 알츠하이머에 걸린 할머니와
실연당한 손자의 관계로 이야기를 만들어보면
어떨까 하는 생각에서였어요. 개인적으로는
외할머니에 대한 기억, 그리고 우리 어머니가
〈봄날은 간다〉를 열창하셨던 기억이
더해졌고요. 조그만 중국집에서 식구들만
조출하게 모여 아버지 환갑잔치를 했는데,

백설희의 〈봄날은 간다〉를 부르셨던 기억이
잔상에 오래 남아 있었죠. 그러다 TV 〈직업의
세계〉라는 프로그램에서 본 녹음기사라는
직업에 흥미가 생겼어요. 바람에 나뭇잎이
흔들리고 비가 오는, 그런 자연의 소리가 주는
정서를 담아내고 싶다는 생각이 든 거죠. 그럼
아무래도 멜로로 가야 하지 않을까, 다들
그러더라고요(웃음).

주성철   노래 얘기가 나온 김에 여쭤보면, 〈봄날은
간다〉라는 곡에 대해서는 개인적인 경험을
얘기해 주셨는데요. 영화에는 아버지가
마루에서 가족들과 함께 부르는 〈미워도
다시 한번〉도 나옵니다. 가사가 은수나
상우 모두에게 어울리기도 하고요. 어쨌든
각본집에는 아버지가 노래를 부를 때 "늘
부르는 아버지의 애창곡이다"라는 지문만 있고
곡목 자체는 등장하지 않습니다.

허진호   그 노래는 나중에 제가 선택한 곡인데요,
원래는 아버지가 TV 〈전국노래자랑〉에
나가려고 그 노래를 연습하는 설정이 있었어요.

〈전국노래자랑〉에 나간 사진도 찍었고요. 그
프로그램을 보면 자막으로 직업과 나이가
표기되잖아요. 숫자로 표시된 나이를 보면서
생각보다 나이가 많네, 적네, 내가 어쩌다
저렇게 늙었냐, 하는 얘기들을 하잖아요. 그런
정서를 담아내고 싶었는데 결과적으로는
빠져서 아쉬워요.

주성철   나중에 상우가 혼자 〈미워도 다시 한번〉을
부르는 장면도 있죠. 역시 각본집에는 없는
장면이더라고요.

허진호   말씀을 듣고 보니, 좀 많이 반복되긴 하네요.
그래서 뺐나 봐요. 영화 제목이 〈봄날은
간다〉인데 〈미워도 다시 한번〉이 많이
나오니까(웃음).

주성철   도입부에 은수와 상우가 만나는 장면부터
각본집과 상당히 다릅니다. "터미널 쪽에
목도리로 잔뜩 얼굴을 둘러싼 한 여자가 등을
보이고 서 있다. 한 손에는 종이컵을 들고,
어깨에는 작은 가방, 빨간 목도리를 하고

단단하게 차려입은 여자는 시계를 가끔 보고
있다"라고 되어 있죠. 각본에서는 두 사람이
서로 약속을 해서 터미널에서 만나는 설정인데,
영화에서는 터미널에서 은수가 졸고 있다가
상우가 말을 건네며 첫 인사를 하게 되죠.
은수가 먼저 악수를 건네는 설정도 영화에만
있고요. 아무튼 각본에는 은수가 터미널에서
졸고 있지 않습니다(웃음).

허진호   그렇죠, 각본상으로는 두 사람이 터미널 밖에서
선 채로 만나며 시작되죠. 강원도 정선 버스
터미널에서 찍었어요. 그런데 연출부들이
촬영장에 오다가 차가 크게 미끄러져서
교통사고가 난 거예요. 병원에서 응급 치료를
받긴 했지만, 다들 몸 상태가 완전하지 않아서
촬영이 제대로 진행될 수가 없었죠. 저도 당연히
집중이 잘 안됐고요. 그렇게 바깥에서 만나는
장면을 찍고 있는데 좀 재미가 없었어요. 그래서
그냥 안에 들어가서 찍자고 했죠. 그런데
롱테이크로 이렇게 해보고 저렇게 해보고
하면서 거의 50번 넘게 테이크를 찍은 것
같아요.

주성철 〈봄날은 간다〉는 저도 촬영 당시 현장을
방문했는데요. 촬영상의 문제나 현장 여건으로
인해 테이크를 많이 찍었다기보다, 여러모로
굉장히 여유로운 분위기의 현장이었던 것으로
기억해요.

허진호 돌이켜보면 〈봄날은 간다〉는 배우들과 충분한
대화를 나누면서 여유롭게 마음에 들 때까지
촬영했는데, 제가 영화를 찍으면서 가장
힘이 있었을 때가 〈봄날은 간다〉였을 거예요.
누구도 제게 뭐라 하지 않았어요. 온전히
촬영에만 집중할 수 있었고, 잠도 많이 잤던
것 같고요(웃음). 한겨울인 2월부터 늦봄인
5월까지 4개월 동안 촬영하면서 이영애, 유지태
두 배우와 하루에 한 컷만 찍는 날도 많았어요.
그러니 각본집과 다를 수밖에 없는 운명의
영화였죠.

주성철 터미널에서 만나 은수가 악수를 건네는
모습은 이후에 여러 번 반복됩니다. 그런
장면들도 배우와의 소통을 통해 자연스레 나온
동작들이겠군요.

허진호   연인이 손을 잡는 것과 처음 보는 사람들이
         악수를 한다는 건, 느낌이 좀 다르긴 한데요.
         이상하게 보일 수도 있겠지만, 일반적이지
         않은 상황을 만들고 싶어서 넣어봤어요. 첫
         만남에서 은수의 캐릭터를 보여주는 것이기도
         하죠. 나중에 은수와 상우가 완전히 헤어질
         때도 그런 악수를 하거든요. 습관일 수도 있고
         머쓱함의 표현일 수도 있고요. 그런데 말씀드린
         것처럼 그 장면을 너무 많이 찍어서(웃음).
         이영애 배우는 더 찍을 수도 있다고 그러고,
         하여간 그런 상황에서 스태프나 그 누구도 아무
         말이 없었어요. 같은 장면을 풀숏으로도 찍고
         미디엄숏으로도 찍고, 다 해봤죠.

주성철   〈봄날은 간다〉는 각본집과 완성된 영화를
         비교해 보니, 기본적으로 연출자와 배우들이
         어떻게 소통하며 만들어갔을까 궁금한
         장면들이 많아 흥미로웠습니다. 각본집에서는
         두 사람이 초반에 굉장히 데면데면하고
         예의를 차리는 등 다소 심심한 느낌인
         반면, 영화에서는 초반부터 살짝 어긋나고
         티격태격하는 게 보여요. 가령 은수의 손에 피가

166

낮을 때 상우가 손을 높이 들어 올려보라고
하는데, 각본집에서는 그냥 아무 말 없이 들어
올리지만 영화에서는 일단 "싫어요"라고
했다가 들어 올리죠. 그리고 시골집에서
할머니가 밥을 차려줄 때도 각본집에서는
아무 말 없이 먹는데, 영화에서는 상우가 괜히
"남기면 안 돼요"라고 말하는 장면이 있어요.
끝으로, 나중에 녹음실에서 대숲 소리를
고르는 장면도 각본집과 다른데요. 어쩌면
직업적으로 제대로 된 신경전이 벌어지는
순간이라고 볼 수 있는데, 영화에서는 상우가
"세 번째 소리가 좋아요"라고 하는데 은수는
그걸 바로 받아들이진 않아요. 각본집에는 아예
없는 설정이죠. 어쩌면 이런 장면들이 가벼운
신경전을 넘어 '이 두 사람이 결국 이뤄지지
않겠구나' 하는 복선인지도 궁금했어요.

허진호　　두 사람의 미래에 대한 복선까지는 아니고요.
현장에서 두 사람이 살짝 부딪히면 어떨까,
하고 얘기를 나눈 것은 분명해요. 그리고 그건
사운드 엔지니어로서 상우의 고집을 보여주는
장면이기도 하고요. 상우라는 인물 자체가 뭔가

자기가 옳다고 믿는 것에 대한 고집이 있는
사람이고, 왠지 기술을 다루는 엔지니어분들
중에서도 "소리만큼은 내가 감독이나 PD보다
더 잘 알아"하는 분들이 꽤 많죠. 그런데
어쨌거나 작가이자 PD라고 봐도 무방한 은수가
상우의 의견을 받아주는 느낌으로 갔어요.

주성철　　아마도 이 각본집을 산 독자들이 가장 먼저
찾아볼 장면이, 그 유명한 "라면 먹을래요?"일
것 같아요. 영화에서는 "라면 먹을래요?"인데
여러 예능 프로그램에서 패러디하며 "라면
먹고 갈래요?"라고 얘기해서, 후자로 기억하는
사람들이 훨씬 많죠. 그런데 정작 각본집에는
'은수 집 앞, 해 질 녘'이라는 시간대의 지문에
"차 한잔하고 갈래요?"라고 되어 있어서 굉장히
흥미로웠습니다. 이 또한 어떤 과정을 거친
대사일까요?

허진호　　바로 그 '해 질 녘' 느낌 때문인데, 촬영하다
보니 이미 깜깜해진 거예요. 다음 날 찍을지
고민하기도 했는데, 배우들도 스태프들도 더
찍을 수 있다는 거죠. 그럼 이 시간대에 맞춰서

찍어봐야겠다는 생각에 여러 장면을 시도해
봤어요. 시나리오대로 '차 한잔'하기에는 너무
늦은 시간이라 커피도 안 될 것 같고, 밥으로
하기에는 너무 준비할 게 많고, 아무튼 그렇게
이영애 배우랑 "뭘 하는 게 좋을까" 계속 얘기를
나누다가 라면으로 결정됐죠(웃음). "'라면
먹을래요?' 라고 하면 어때요?"라고 이영애
배우가 얘기했는데 괜찮더라고요. 이영애
배우가 온전히 만든 대사라고 보면 돼요.
은수가 대뜸 "자고 갈래요?"라고 하는 것도
시나리오에는 없죠.

주성철　　예상하지 못한 이 영화의 운명이 그때 결정된
걸 수도 있겠네요. 역시 각본집에는 없는,
나중에 상우가 "내가 라면으로 보여?"라고
짜증을 내는 대사와도 연결되고요.

허진호　　그렇죠, 라면이 너무 많이 나와(웃음). 물론
그것도 유지태 배우가 만든 대사예요. 이영애
배우가 만들고 유지태 배우가 받고, 그렇게
만들어진 순간들이죠. 아무튼 유지태 배우가
이 영화를 찍으며 라면을 어마어마하게 많이

먹었어요. 그래서 촬영 현장에서 숙소까지
거리가 꽤 됐는데도 종종 걸어서 갔죠.

주성철   그날 이후, 두 사람의 관계가 본격적으로
진전되는데요. 다음 날 아침, 두 사람이 키스를
하고 더 깊은 애무로 들어갈 즈음 은수가 "좀 더
친해지면 해요"라고 하는 상황까지는 각본집과
영화가 똑같습니다. 그런데 나중에 두 사람이
상반신을 탈의한 채로 침대에 누워 서로의
등을 긁어주며, 잠자리를 한 것 같은 장면들이
이어집니다. 영화에서는 은수가 "같이 있으니까
참 좋다"라고도 하는데요, 말하자면 그런
일종의 노출신은 각본집에 없어서 궁금합니다.

허진호   앞서 얘기한 것이기도 한데, 각본집과
완전히 다른 장면들이 들어갈 수 있었던
이유는 배우들과 소통하며 충분한 시간을
가지고 촬영할 수 있었기 때문이죠. 〈8월의
크리스마스〉 때도 그렇게 하려고 했지만
아무래도 신인 감독이어서 어려운 점이
있었는데, 〈봄날은 간다〉 때는 그게 가능했죠.
그래서 '감독으로서 이전 영화가 잘 되면

이렇게 편한 거구나’ 하는 것도 느꼈죠(웃음).
어떤 정답을 정해두지 않고 이영애, 유지태
배우와 정말 많은 얘기를 나눴어요. 특히
유지태 배우는 정말 질문이 많았죠. 이럴 때
왜 그럴까요? 너는 어떨 거 같아? 그런 얘기를
주고 받으며 만들었는데, 아무래도 자기 역할은
배우 자신이 가장 잘 아는 거니까요. 돌이켜보면
〈봄날은 간다〉는 연출자로서 ‘디렉팅’이라는
게 딱히 없었던 것 같아요. 그런 점은 〈8월의
크리스마스〉를 하면서 유영길 촬영감독님께
많이 배운 부분이에요. 특정 공간에서
촬영한다고 하면, 보통 배우에게 어느 곳에
서라고 하고, 거기서 정해진 대사를 하고 나면
촬영은 끝이죠. 그런데 유 감독님은 배우에게
먼저 어디에 서 있으면 좋을지 물어봐요. 배우가
느낄 때 가장 편한 자리가 있고, 또 거기에는
이유가 있죠. 촬영 여건상 모든 장면을 그렇게
찍을 수는 없었지만, 감독이 먼저 정하지
않고 배우가 스스로 서 있을 자리를 정한
다음 카메라가 그 동선을 따라가는 방식으로
촬영했죠.

주성철   그런 방식으로 촬영하다 보면, 예상하지 못한
           장면들이 나와서 연출자로서 놀라게 되는
           순간들이 많을 것 같습니다.

허진호   그렇죠. 가령 "라면 먹을래요?"라고 하고
           은수 집에 들어간 다음, 소파에 적당히 거리를
           두고 앉은 두 사람이 나누는 대화가 정말
           좋았어요. 연출자로서 놀란 순간이기도
           했고요. 영화에서는 소파 옆에 술병이 많은
           걸 보고 상우가 "어떤 술 좋아해요?", "혼자
           산 지 오래됐어요?" 이런 질문들을 던지니까
           은수는 자기 머리카락을 만지다가 "재밌는
           얘기 좀 해봐요" 하고 화제를 돌려요. 그러자
           상우가 "라면에 소주 먹으면 맛있는데, 나
           재밌는 얘기 몰라요. 원래 썰렁해요"라고 하고,
           은수는 "재밌다"라고 한 다음 주방으로 가서
           물을 끓이죠. 그러고 상우를 향해 몸을 돌려
           "자고 갈래요?" 그러거든요. 그 대화 전체가
           시나리오에 없어요.
           술병이 소파 옆에 잔뜩 있고, 좀 있다가 라면을
           끓일 거다. 시나리오에는 아무 대사도 없지만
           그 사이에 아무 얘기나 해보자, 하는 식의 연출

지시를 두 배우가 그런 장면으로 만들어낸
거죠. 무턱대고 그러면 잘 될 리도 없고,
게다가 자연스러운 척하는 연기는 더 보기
싫을 수 있는데 이상하게 그 장면은 모험처럼
해봤음에도 정말 딱 좋았어요. 감독으로서
신기한 경험이었죠. 정해진 대사 없이 둘이서
그냥 주고받고 한 건데 연기도 감정도 정말
좋았어요.

주성철　　들고 보니 더 놀라운데요. 각본집에는 "마루에
덩그러니 놓여 있는 오디오와 TV. 그 주변에
옷들이 아무렇게나 널브러져 있다. 부엌
탁자에 앉아 있는 상우와 은수. 각각의 앞에
찻잔이 놓여 있다. 상우에게 차를 따라주는
은수. 쪼르르… 소리가 난다. 상우, 잔을 들어
마시며 주위를 둘러본다. 어색하게 앉은 두
사람"이라는 장면 묘사만 있고, 아무런 대사도
없이 바로 다음 날 아침 장면으로 이어지죠.
감독과 배우의 소통을 통해 각본에 없는 대사와
장면을 만들어낸 걸 넘어 연출 방식의 중요한
변화라고 느껴집니다.

허진호 돌이켜보면 당시 한국 감독들이 〈돼지가
우물에 빠진 날〉(1996)이나 〈강원도의 힘〉(1998)
같은 홍상수 감독의 영화를 인상 깊게 보던
때였죠. 배우에게서 어떻게 자연스러운 연기를
끌어낼 것인지가 화두였어요. 감독도 배우도
다 그렇게 해보고 싶어 했죠. 저 역시 〈돼지가
우물에 빠진 날〉을 보고 영화에 일상어를
가지고 왔다는 사실에 놀랐던 기억이 나요. 당시
봉준호, 장준환 감독과 얘기를 나누며 "이제
우리는 뭘 어떻게 해야 하지?"라는 얘기도
나눴죠(웃음).

이후 〈봄날은 간다〉도 좋은 평가를 얻었고,
감독과 배우 모두 그런 작업 방식에 대한
만족도도 높았지만 계속 유지하기는 힘들었죠.
〈봄날은 간다〉는 그런 점들을 공유한 김형구
촬영감독님과의 협업이었으니까 가능한 면도
있었죠. 왜냐하면 '배우를 지켜본다', '어떤 일이
벌어질지 모르겠지만 상황을 지켜본다'라는
건 롱테이크에 더해 클로즈업이 없어야 가능한
방식이기도 해요. 가령 나중에 두 사람의 관계가
식은 상황에서, 버스를 타고 가던 은수가
양산을 들고 내려서 카메라를 향해 걸어오고,

프레임 밖에 있던 상우가 프레임 안으로 들어온 뒤, 은수가 "우리 헤어지자"라고 말하는 이별의 순간이 전부 한 컷이에요. 이 장면을 어떻게 찍을지 고민이 컸죠. 헤어지자는 얘기를 하는 거니까 클로즈업을 따로 찍을 필요도 있을 것 같았고요. 그런데 김형구 촬영감독님이 길가에 카메라를 딱 세우고는 그대로 롱테이크로 가도 되겠다는 거예요. 저도 깜짝 놀랐어요. 그 순간에 배우의 얼굴을 보여주지 않겠다는 용기는 감독만 고집한다고 해서 되는 게 아니죠.

주성철   그러고 보니 〈봄날은 간다〉는 배우의 얼굴 클로즈업이 없는 신기한 멜로 영화라고도 할 수 있습니다.

허진호   〈보통의 가족〉(2022)이 2023년 런던한국영화제 개막작으로 선정되고 〈봄날은 간다〉도 특별 상영을 했는데, 그때 〈봄날은 간다〉를 스크린으로 정말 오랜만에 다시 봤어요. 거의 처음 보는 영화 느낌이었는데(웃음), 왜 배우의 얼굴을 저렇게 안 보여주지? 너무 안 보여주는 거 아냐? 하면서 마치 남의 영화 보는 것처럼 봤죠. 그러다 문득 옛 기억이 떠올랐어요.
은수가 상우와의 사랑이 식어가고 방송 초대
손님으로 나온 남자와 가까워지는데, 그 두
사람이 밤에 자동차 드라이브를 하다가 은수가
"달려!" 하는 장면이 있어요. 그건 조수석
밖에 카메라를 두고 배우 얼굴 가까이 찍을
수밖에 없는 장면이었는데, 그 장면 촬영하고
이영애 배우가 저한테 와서 웃으며 "감독님, 저
클로즈업 처음인 거 아세요?"라고 그랬어요.
생각해 보니 정말 그렇더라고요.
〈봄날은 간다〉가 전체적으로 배우들 얼굴이
측면이거나 멀리서 찍은 장면들이죠. 이영애와
유지태라는 배우를 두고 그런 선택을 하는
건 정말 큰 용기가 필요한 일인데(웃음), 촬영
후반부에서야 그걸 알게 됐다는 건 두 배우는
물론 김형구 촬영감독님도 전혀 그런 얘기를
하지 않고 묵묵히 작업해 주셨기 때문이죠. 정말
모두에게 감사한 영화예요.

주성철   또 영화에서 상우가 은수에게 운전을
가르쳐주다가 차에서 내리는 신에 나온 대사가
인상적이었는데요. 저 멀리 있는 무덤을 보고

은수가 "우리도 죽으면 나중에 저렇게 같이 묻힐까"라고 얘기하는 장면입니다. 그에 대해 상우가 아무런 말이 없으니까 은수가 "대답해 봐, 싫어?"라고 되묻죠. 역시 각본집에는 없는 대사인데요. 함께 차를 타고 운전을 가르쳐주는 장면만 있고, 그런 대화를 나누지는 않습니다.

허진호   앞서 얘기한 방식처럼 영화를 촬영하다 보니, 사실 완성된 영화를 보면 각본집에 있었는지 없었는지 잘 기억이 안 날 정도죠(웃음). 운전 연습하는 장면을 찍던 도중에 저 멀리, 마치 부부가 함께 묻힌 것 같은 무덤을 발견하고는 "한번 찍어볼까" 하고 촬영했을 것 같아요. 아마 각본집에 있었다면, 분명 그런 무덤을 찾아 장소 헌팅을 하고 제대로 찍었을 텐데 그러지 않았거든요.

주성철   감독 입장에서 그처럼 즉석에서 상황과 대사를 만들어내는 묘미가 있었을 것 같네요. 은수는 요즘 식으로 얘기하면, MBTI가 내향형인 'I'보다는 외향형인 'E'에 가까운 것 같아요. 먼저 악수를 청하는 것은 물론이고, 앞서 얘기한 차 안에서 "달려!" 하는 대사도 시나리오에는 없죠.
방송 초대 손님으로 나온 백종학 배우에게
대뜸 "쌍꺼풀 수술하셨어요?"라고 묻는
엉뚱한 대사도 시나리오에는 없더라고요. 굳이
비교하자면, 상우보다는 은수가 각본집과 더
많이 달라진 것 같습니다.

허진호 이 영화의 관계자들도 은수가 많이 바뀐
것 같다고 얘기했어요. 말씀하신 것처럼,
은수 캐릭터를 가지고 이것저것 만들어내어
변화시키는 게 재미있었어요. 무엇보다 감정이
변하는 쪽이 은수여서 더 그랬던 것 같아요.

주성철 영화에서 감정의 변화와 맞물리는 것은 계절의
변화입니다. 두 사람이 처음 만났을 때는
파카를 입고 목도리를 두른 한겨울이었는데,
서서히 옷차림이 가벼워지는 변화를 보며
이들이 반년 정도 만났구나 자연스레
느끼게 되죠. 은수는 서서히 상우의 존재를
부담스러워하는데요. 술을 마시고 귀가한
은수가 여전히 서울로 돌아가지 않고 자기 집에
머무르고 있는 상우에게 크게 짜증을 내는

장면이 확실한 전환점이 됩니다. 각본집에서는
그 정도로 짜증을 내진 않죠. "씻고 자"라고
말하는 상우에게 "싫어, 귀찮아…. 옆에서
자기 싫으면 소파에서 자. 상우 씨. …미안해"
정도의 대사만 있고 별다른 지문도 없습니다.
그런데 영화에서는 다음 날 아침, 북엇국을
끓여놓았다는 상우에게 "나 안 먹어, 더 잘래.
좀 놔둬, 이러지 마!" 하면서 굉장히 크게 짜증을
내죠. 그런데 그 와중에도 곧장 이불 속에서
손을 꺼내 상우를 손으로 다독여줘요.

허진호   사실 그날 이영애 배우가 다른 촬영에서 눈
        쪽을 살짝 다쳐 왔을 때라 그 장면을 찍을지
        말지 고민했어요. 그런데 이불을 뒤집어쓰고
        찍으면 어떻겠냐고 해서 그렇게 했죠(웃음).
        그 장면은 저도 촬영하면서 굉장히 좋았어요.
        은수가 성질내는 것도 재미있고, 말씀하신
        것처럼 이불 밖으로 손을 꺼내 상우를 토닥일
        때 정말 놀랐죠. 〈봄날은 간다〉에서 즉흥적으로
        만들어진 여러 대사나 동작들 중 가장 좋아하는
        순간이라고 할 수 있어요. 상처 때문에 얼굴을
        보여주지 않은 채로 찍자고 해서 솔직히 잘

되지 걱정하고 있었는데, 이불 밖으로 그렇게
손을 꺼낼 거라고는 상상하지 못했거든요.
그러니까 영화라는 게 참 알 수가 없는 거죠.

주성철　어쩌면 〈봄날은 간다〉에서 "라면 먹을래요?"
장면만큼이나 유명한 "사랑이 어떻게 변하니"
장면에 대해 여쭤보고 싶은데요. 그것도
각본집과 완성된 영화가 꽤 다르더라고요.
앞서 얘기하셨던, 버스에서 내린 은수가
상우에게 걸어와서 "우리 헤어지자"라고 한
다음 카메라가 180도로 넘어가서, 두 사람을 투
숏으로 가까이 잡고 대사가 이어지죠. "너 나
사랑하니? 어떻게 사랑이 변하니" 하는 대사가
각본집에도 있는데, 그 전에 상우가 구차하게
"다른 남자 생겼어? 그 사람이랑 잤니?" 하고
묻는 대사들도 있어요. 그건 영화에서 완전히
빠졌죠. 그리고 은수도 각본집에서는 "나 점점
부담스러워져. 내가 자신이 없어. 자꾸 상우
씨한테 함부로 하는 것 같아. 자꾸 미안해지는
것도 싫고…"라며 꽤 길게 얘기하는데,
영화에서는 마음을 단단히 먹었는지 별다른
말이 없죠.

허진호 시나리오에서는 버스에서 내려, 상우 차에
타서 나누는 대화였죠. 그런데 그 장면이 거의
유일하게 다 찍은 걸 다시 찍은 장면이기도
해요. 각본집처럼 상우의 차 안에서 나누는
대화가 아니라, 상우가 버스에 올라가서 나누는
대화로 촬영했죠. 그런데 아무래도 대사가
힘들어서 그랬는지 별 느낌이 안 생기더라고요.
그리고 처음부터 시나리오에 있던
대사지만 "사랑이 어떻게 변하니"라는
말이 어떨 때는 괜찮고 또 어떨 때는 너무
이상하더라고요(웃음). 그래서 재촬영을 할
때 유지태 배우에게 "이 대사가 자연스럽게
느껴지지 않으면 꼭 해야 할 필요가 없으니,
그냥 너 편한 대로 해"라고까지 했어요. 그런데
당시 김선아 PD가 그 대사는 이 영화의 가장
중요한 주제이기 때문에 꼭 살렸으면 좋겠다고
하는 거예요(웃음). 그래서 무조건 하기로
했는데, 유지태 배우가 정말 잘 살렸어요.
각본집의 대사나 설정이 수시로 바뀌는
상황에서, 김선아 PD가 유일하게 반드시
시나리오대로 가야 한다고 했던 대사였기에
똑똑하게 기억나요.

주성철 감독님도 끝까지 고집한 대사가 있는 것으로
압니다. 실연당한 상우가 집에서 마루에 앉아
울고 있을 때, 할머니가 다가와 "버스하고
여자는 떠나면 잡는 게 아니란다"라고
얘기하는 장면이죠. 할머니와 손자의 관계를
떠올리며 시작했다는 이야기의 마침표이기도
합니다.

허진호 장면의 의도는 돌아가시기 직전의 할머니가
인생의 선배로서 후손에게 건네는 일종의
잠언 같은 것이었죠. 지방에 다니다 보면
할아버지나 할머니가 아무렇지도 않게 그냥
툭툭 하신 얘기가 굉장한 삶의 지혜를 담고
있을 때가 많아요. 그런 느낌의 얘기를 살짝
정신이 돌아오신 할머니가 손자를 위로해
주려고 꺼내는 장면이죠. 그런데 사실 그 대사도
아주 자연스러운 설정이 아니어서 그런지 정말
힘들게 찍은 장면이에요. 할머니를 연기한
백성희 선생님은 국내 최초로 배우의 이름을
딴 극장인, 옛 국립극단 '백성희장민호극장'의
주인공이기도 해요. 한국 연극의 살아 있는
역사라 할 수 있는 분이죠. 연극이야 수십 편을

하셨는데 영화 자체는 거의 몇십 년 만에 처음
찍으신 거였어요. 출연하신 영화는 다 합쳐서
아마 열 편도 안 될 거예요. 그처럼 오랜 세월
국립극장에서 다져진 발성을 하시다 보니,
영화의 동시녹음과 잘 맞지 않는 지점이
있었어요. 유지태 배우의 감정은 막 올라와
있는데, "상우야" 하고 부르는 대사만으로도
계속 NG가 났죠. 어쨌거나 그 대사는 딱히
슬픈 말도 아니고 적당히 유머도 들어가 있는
내용으로 비춰지길 바랐어요. 살짝 아쉽기도
했지만, 할머니와 손자가 함께 있는 장면으로
마무리하고 싶었기에 뺄 수는 없었어요. 게다가
알츠하이머에 걸린 노인들이 죽기 직전에 잠깐
정신이 돌아온다고들 하는데, 실제로 저도 그런
경험이 있었고요. 그 대화를 통해 할머니의
죽음이라는 순간을 담아내고 싶었죠.

주성철　　각본집에서는 중요하게 두 번이나 등장하는데,
정작 영화에는 나오지 않는 대사가 있습니다.
"죽을 때 기억 하나만 가져가라면 뭐 가져갈
거야? 나?"라는 은수의 대사죠. 중반부에
밴드부 학생들이 강둑에서 연주하는 장면

뒤에 상우와 은수가 강가에서 소리를 채집하는
장면이 있는데, 그때 은수가 했던 말이죠.
후반부에 두 사람이 헤어지고 난 뒤 상우가
집에서 테이프를 들을 때 녹음된 은수의 소리로
한 번 더 반복됩니다.

허진호　　은수의 그 대사는 실제로 촬영했는데
편집했어요. 나중에 완성된 영화를 보면서 잘
뺐다고 생각했고요. 이별의 고통을 더 강하게
만드는 대사로 썼던 것 같은데, 영화를 찍다
보니 좀 더 아련한 느낌으로 끝내고 싶었어요.
너무 좀, 잔인한 대사잖아요(웃음). 그게 나중에
한 번 더 반복된다는 설정도 진행을 복잡하게
만드는 것 같았고요.

주성철　　〈봄날은 간다〉의 명장면으로 많은 이들이
기억하는, 몇 개월 뒤 재회한 은수와 상우가
벚꽃 거리에서 헤어지는 장면이 궁금합니다.
각본집에서는 실내 카페에서만 대화를
주고받다 다시 헤어지는데, 영화에서는
카페에서 나와 거리에서 롱테이크 촬영으로
끝납니다. 대사뿐만 아니라 공간 자체가 달라서

놀랐습니다. 각본집에서는 카페에 상우가 남아
있는 채로 은수가 자리를 뜨는데요, 다음과
같이 지문으로 묘사되고 있습니다. "카페를
나가다가 뒤돌아보는 은수. 상우에게 손을
흔들어주며 희미하게 웃어 보인다. 상우도
그렇게 웃는다. 앉아 있는 상우. 창밖 벚나무들
아래로 사람들 속에 은수가 가고 있다. 벚꽃
구경하듯 천천히 걸어가는 은수. 환한 빛이
스며드는 창가. 화분을 바라보는 상우."

허진호   촬영 장소 헌팅을 다니다가 카페가 아닌 야외
거리로 바꾼 장면이에요. 강원도 삼척 삼보장
사거리인데, 벚꽃이 정말 예쁘더라고요. 그런
아름다운 시간을 함께 보낸 사이니까, 두
사람이 벚꽃 풍경에 함께 있으면 좋겠더라고요.
그런데 아무래도 촬영 자체를 실내에서 야외로
바꾸니까 사람들이 엄청나게 몰려들었고,
제작진은 햄버거를 먹으면서 바쁘게 촬영할
수밖에 없었죠. 4분 정도 되는 긴 장면이라
굉장히 힘들었는데, 스태프 중에 촬영하다가
우는 친구들도 있었어요. 왜 우는지 물었더니
그냥 무척 슬프다고 하더라고요. 한창 둘이

"우리도 저렇게 같이 묻힐까?" 하면서 좋을
때의 장면을 찍다가 바로 헤어지는 장면을
찍은 거니까요. 게다가 연인이 완전히
헤어지는데 벚꽃은 더없이 아름다우니 슬프지
않았을까요(웃음).
그 장면은 두 가지 버전으로 촬영했어요. 영화는
전면에 상우가 남아 있고 은수가 떠나가는
장면인데요, 그 반대로 은수가 남아 있고
상우가 떠나는 장면도 찍었어요. 저도 뭐가
더 나을지 마지막까지 잘 모르겠더라고요.
현장 상황을 생각하면 정말 말도 안 되는 건데,
배우와 스태프들 모두 묵묵히 따라줬어요. 다들
그 장면이 중요하다는 데 공감했기에 그랬을
거예요.

주성철   굉장히 흥미진진한 얘기입니다(웃음). 더
놀라운 순간은 상우가 남겨지고 은수가
떠나면서 포커스 아웃되는데, 그 와중에 서로
돌아보면서 눈이 마주치는 순간이 있거든요.
그것도 시간을 계산해서 시선을 맞춘 건가요?

허진호   아뇨, 유지태 배우와 얘기를 나누면서 "나는 상우가 좀 잔인해졌으면 좋겠다”라고 했어요.
절대 돌아보지 말라는 뜻이었죠. 각본집에서는
카페에서 은수가 자리를 뜰 때 서로 쳐다보고
웃는 장면이 있긴 하지만, 감정을 보이지
않은 채 표정도 담담하고 단호한 게 맞는 것
같더라고요. 그런데 유지태 배우는 “저 같으면
그러지 못할 것 같아요. 저뿐만 아니라 이제
막 헤어진 스물여섯 살의 남자는 그러지 않을
것 같아요”라는 거예요. 배우가 그렇게까지
얘기하는데 뭐, 어쩌겠어요. “그래, 네 말도
맞다”라고는 했지만 “그래도 돌아보지
않았으면 좋겠다”라고 말했죠(웃음). 제가
그토록 신신당부했지만 유지태 배우가 역시
돌아보더라고요. 그런데 두 사람의 시선이
마주치는 것은 진짜 우연이에요. 왜냐하면 제가
돌아보는 걸 너무 싫어했으니까, 그렇게 시간
맞춰 서로 시선을 교환한다는 게 불가능한
일이었죠. 그 롱테이크 안에서 각자 반응하는
모습은 배우들이 만든 거예요.

주성철　　　그 이별 장면 이후, 각본집에는 두 사람의
　　　　　　일상을 보여주는 후일담 같은 장면들이

이어집니다. 은수는 비가 오는 창가에 아무
말없이 앉아 있고, 상우는 앞서 얘기한 것처럼
녹음테이프를 정리하다가 "죽을 때 기억
하나만 가져가라면 뭐 가져갈 거야? 나?"라는
은수의 음성을 듣게 되죠. 그런 다음 다시
봄이 지나가고 있는 동네의, 꽃잎 떨어진 길을
상우가 느릿느릿 걸어가며 마무리됩니다.
반면 영화에서는 상우가 보리밭에서 장비를
들고 소리를 채집하며 웃는 모습이 마지막
장면입니다.

허진호   역시 각본집에 없긴 하지만, 당시 촬영하고
사용하지 않은 다른 장면도 있어요. 은수가
창밖으로 바다가 보이는 자기 방에서 CD
비닐을 뜯는 장면인데요, 가끔 CD 포장이 너무
단단해서 잘 뜯기지 않을 때가 있잖아요. 그걸
꽤 길게 4분 정도 롱테이크로 촬영했어요. 당시
대만 차이밍량 감독의 〈애정만세〉(1994)를
굉장히 인상적으로 봐서 그 주인공(양귀매)의
답답한 일상처럼 담아내고 싶었던 건데,
〈애정만세〉와 비교하면 4분이 무척 짧은
시간이더라고요. 오히려 더 길게 담아야

〈애정만세〉 같은 느낌이 살겠다는 생각이
들어서 마지막에 그 장면을 넣기에는 좀
무리였어요. 당시 촬영 현장에서 이영애
배우에게 그 장면을 부탁했는데 포장이 잘
뜯기지 않는 상황과 좀 답답한 표정 등이 저는
굉장히 좋았어요. 물론 안 쓰긴 했지만요.
앞서 벚꽃 거리에서 포커스 아웃되어 사라진
은수에게 좀 지나친 장면 같다는 생각이
들었거든요.

주성철　　오늘 인터뷰에서 가장 기억에 남는 대목은
역시, 영화감독으로서 가장 힘이 셀 때
만든 작품이라 충분한 시간을 두고 배우와
적극적으로 소통하며 함께 만들어간
작품이었다는 점입니다. 하지만 아쉽게도 개봉
흥행 성적은 좋지 못했습니다. 2001년 9월 28일,
추석 명절 영화로 개봉했는데 같은 날 개봉한
〈조폭 마누라〉가 당시 전국 500만 관객 이상을
모으며 흥행 1위를 기록했죠.

허진호　　맞아요. 〈봄날은 간다〉가 흥행도 잘됐으면
얼마나 좋았을까, 그럼 이후에도 쭉 계속

그런 방식으로 작업할 수 있지 않았을까,
하는 아쉬움이 남긴 하죠. 〈봄날은 간다〉는
80만 관객도 안 들어서 〈조폭 마누라〉와
엄청나게 비교가 됐죠. 언젠가 이현승 감독님과
호프집에서 술을 마시는데 TV에 〈봄날은
간다〉가 나오더라고요. 제가 봐도 너무하다
싶을 정도로 컷을 안 나눴더라고요(웃음).
그래서 다음 작품인 〈외출〉부터는 편집이나
작업 방식을 바꾸는 계기가 됐습니다.

주성철　　〈8월의 크리스마스〉와 〈봄날은 간다〉를 가지고
인터뷰한 경험은 제게도 큰 배움이 됐습니다.
〈8월의 크리스마스〉는 각본 그 자체로 하나의
작품이라는 생각이 드는 반면, 〈봄날은 간다〉는
각본집과 너무나도 다른 영화를 함께 보는
재미가 있죠. 독자들도 달라진 장면들을
비교하며 보시면 정말 흥미로울 겁니다.

허진호　　〈8월의 크리스마스〉는 당시 대종상영화제에서
오승욱 감독이 각본상을 받았는데요. 그 자체로
문학적으로 뛰어나다는 얘기를 굉장히 많이
들었어요. 오히려 그래서 영화로 잘 만들 수

있을지 걱정까지 했을 정도였죠.
반면 〈봄날은 간다〉는 보다 즉흥적으로
배우들과 호흡하며 새로운 장면을 많이
만들어냈죠. 두 배우의 새로운 모습도 다들 너무
좋아하셨고요. 특히 오늘 여러 번 언급했지만,
이영애 배우를 보면서 많이 놀랐죠. 은수와
상우가 강릉 여행을 다니는 장면에서, 상우가
"고등학교 때 어땠어요?"라고 물으니까 은수가
"날라리"라고 답하잖아요. 또 강릉 역사를
보여주는 전시실에서 거대한 옛 강릉 사진을
보며 "여기 증조할머니 지나가시네"라고 하는
장면도 다 이영애 배우가 직접 만들어낸 거나
마찬가지거든요. 그런 방식으로 작업하면 잘
될까, 괜찮을까, 하는 생각에 아무래도 불안할
수밖에 없는데 〈봄날은 간다〉는 정말 매 순간
다 좋았어요. 지금 생각해 보면 언제 다시
이런 방식으로 영화를 만들 수 있을지, 아련한
생각이 들긴 해요.
만약 다시 그런 방식을 시도할 수 있다면 약
한 달 정도의 짧은 기간 동안, 이전보다 적은
숫자의 신으로 이뤄진 영화를 한번 만들어보고
싶다는 생각이 들어요. 그때의 기억이 워낙

좋았으니까요.

배우와 스태프 모두 강원도의 이곳저곳을
돌아다니며 촬영하고, 소리도 채집하면서 정말
즐겁고 행복하게 작업한 작품입니다.

봄날의 기억:
비하인드 스틸

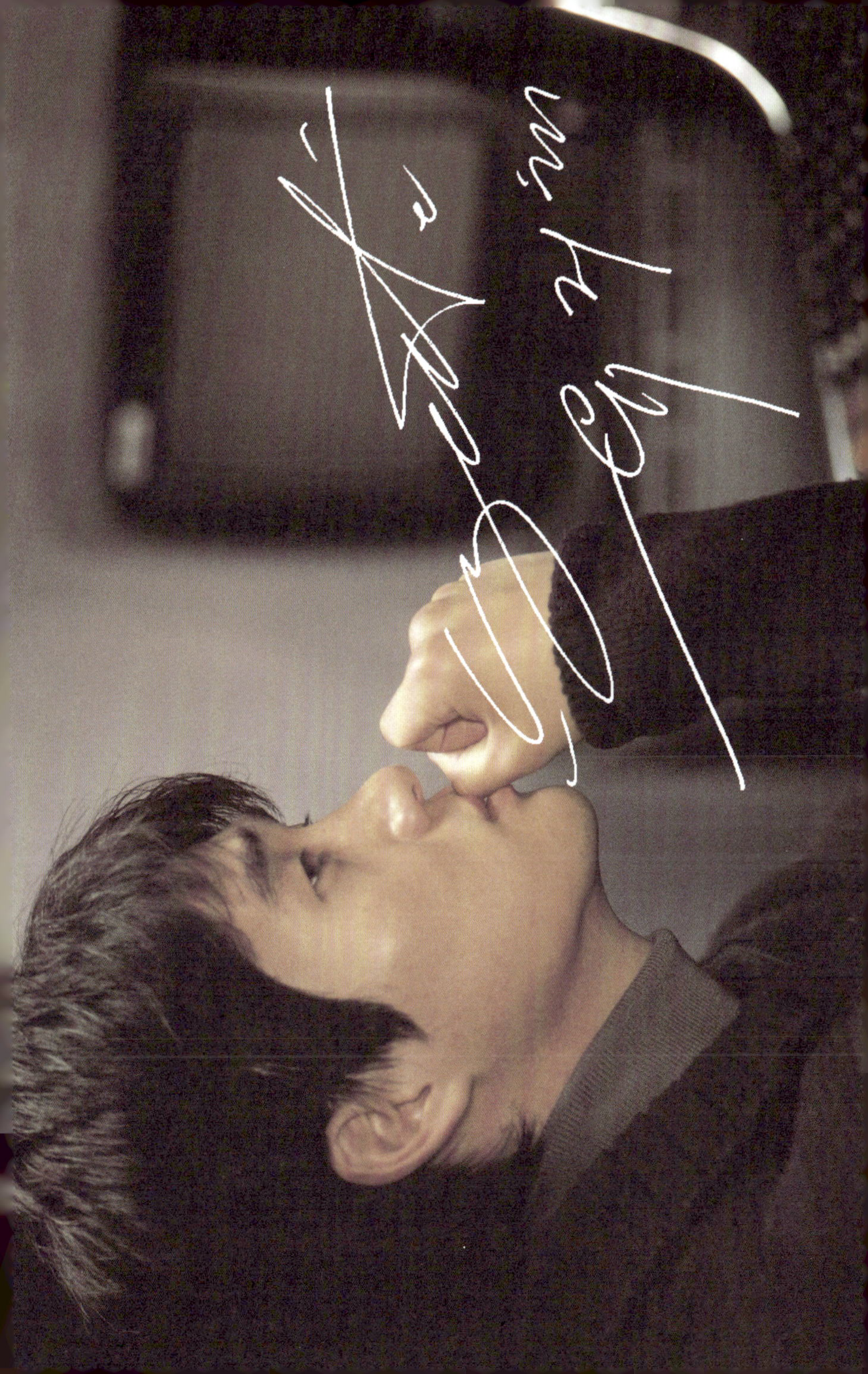

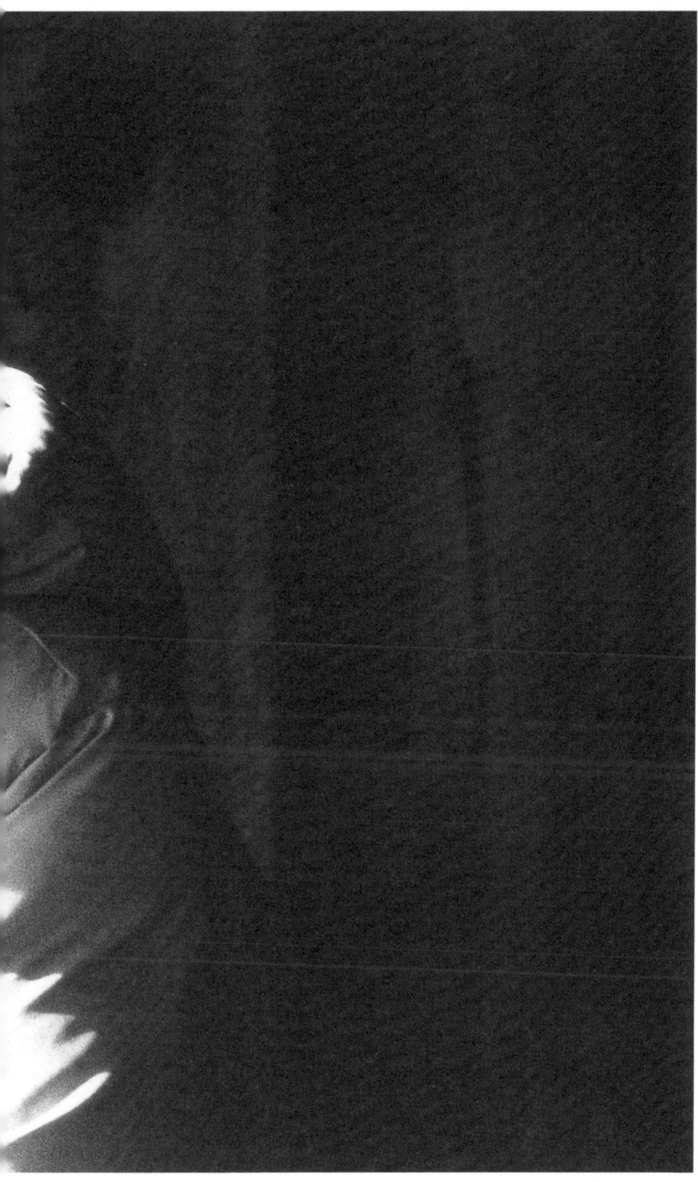

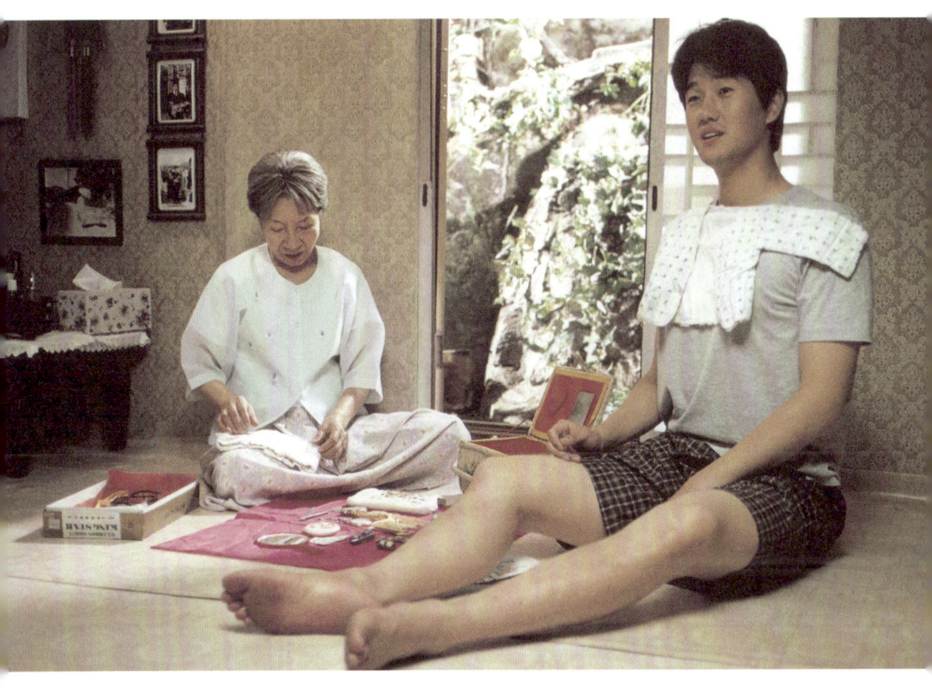

만든 사람들

감독
허진호

시나리오
류장하 이숙연
신준호 허진호

출연
유지태 이영애 백성희
박인환 신신애

제작 투자
김형순
Otani Nobuyushi
Allan Fung

제작
차승재
Miyajima Hideshi
Peter Ho-sun Chan

프로듀서
김선아

촬영감독
김형구

조명감독
이강산

녹음 자문	동시녹음	편집	미술
박용기	이병하(LIVE)	김현	박일현

의상	분장&헤어	음악	믹싱
최윤정	송종희	조성우	쇼치쿠 사운드 스튜디오

조감독	제작 실장	제작 부장	기획 협력
류장하	이민수	안수현	Kawai Shinya

조감독	제작 실무	제작부
신준호 이덕희	Tsuchida	박상욱 박성호
정연경 안영석	Masaki(일본)	이범수

촬영부	**조명부**	**소리 녹음**
최현기 강승기 전희원	양우상 강대희 김용성	이지수
임재수 서민수 이인원	김춘호 최원석 채보현	
	하진수 김욱	

녹음부	**미술부**	**소품**
조민오 오경수 송명도	최형욱 이청연 박소현	정현교
김신용 정인호 김영현	강민수	

소품 사진	**분장&헤어팀**	**의상팀**
이재용 박도성 최은정	김현정 권수경	이지혜